今さら聞けない鉄道の基礎知識 003

きっぷのしくみ

著者／荻野貴久

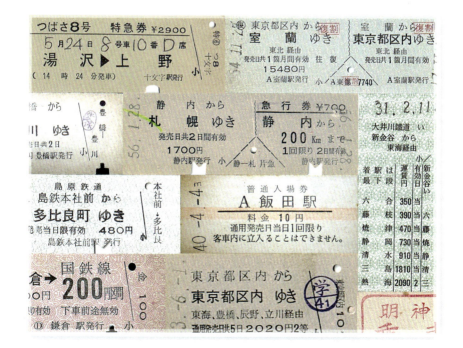

CONTENTS

はじめに ………………………………………………………………………… 005

第1章　きっぷの種類と運賃・料金のしくみ

- 1-01 ▶ 制度上の違い ………………………………………………………… 008
- 1-02 ▶ 性状による違い ……………………………………………………… 010
- 1-03 ▶ 運賃の基本構造 ……………………………………………………… 012
- 1-04 ▶ 大人・小児・幼児・乳児のちがい ………………………………… 014
- 1-05 ▶ 新幹線と並行在来線の関係 ………………………………………… 015
- 1-06 ▶ 特定区間の運賃計算 ………………………………………………… 016
- 1-07 ▶ 都心を通過する場合の運賃計算（70条区間） …………………… 018
- 1-08 ▶ 特定都区市内を発着する場合の運賃計算 ………………………… 020
- 1-09 ▶ 有効期間 ……………………………………………………………… 024
- 1-10 ▶ 変更と払いもどしの基本 …………………………………………… 026
- 1-11 ▶ 学生割引制度のしくみ ……………………………………………… 028
- 1-12 ▶ 株主優待制度のしくみ ……………………………………………… 030

第2章　普通乗車券のしくみ

- 2-01 ▶ 片道・往復・連続のちがい ………………………………………… 034
- 2-02 ▶ 往復乗車券 …………………………………………………………… 036
- 2-03 ▶ 連続乗車券 …………………………………………………………… 038
- 2-04 ▶ 連絡乗車券 …………………………………………………………… 040
- 2-05 ▶ 最長片道きっぷ ……………………………………………………… 042

第3章　料金券のしくみ

- 3-01 ▶ 特急券のしくみ ……………………………………………………… 046
- 3-02 ▶ いまはなき乗継割引制度 …………………………………………… 048
- 3-03 ▶ 立席特急券 …………………………………………………………… 049
- 3-04 ▶ グリーン券（特別車両券）のしくみ ……………………………… 050
- 3-05 ▶ 寝台券のしくみ ……………………………………………………… 052

第4章　入場券のしくみ

- 4-01 ▶ 入場券の歴史とルール ……………………………………………… 056
- 4-02 ▶ 入場券の時間制限 …………………………………………………… 058
- 4-03 ▶ 新幹線のホームに立ち入るには …………………………………… 061
- 4-04 ▶ 共同使用駅の入場券 ………………………………………………… 062
- 4-05 ▶ 駅員無配置駅の入場券 ……………………………………………… 063

第5章　特別企画乗車券のしくみ

- 5-01 ▶ 特別企画乗車券の基礎知識 ………………………………………… 066
- 5-02 ▶ 「青春18きっぷ」のしくみ ………………………………………… 070

5-03 ▶「レール＆レンタカーきっぷ」のしくみ ………… 072
5-04 ▶「ジパング倶楽部」のしくみ ………… 074

第6章　買うときのルール

6-01 ▶ どこで買うか ………… 078
6-02 ▶ いつ買うか ………… 080
6-03 ▶ いくらで買うか ………… 082
6-04 ▶ 何で支払うか ………… 084
6-05 ▶ ほかの駅からのきっぷは買えない原則 ………… 086
6-06 ▶ 使用開始前の変更と払いもどし ………… 088
6-07 ▶ 買う余裕がないとき ………… 091
6-08 ▶ きっぷの譲渡 ………… 092

第7章　乗るときのルール

7-01 ▶ 改札の役割 ………… 096
7-02 ▶ 乗り遅れたときの救済 ………… 097
7-03 ▶ 駅員無配置駅から乗る ………… 098
7-04 ▶ マルム乗車券 ………… 100
7-05 ▶ 選択乗車のように見える制度 ………… 102
7-06 ▶ 選択乗車のしくみ1 ………… 103
7-07 ▶ 選択乗車のしくみ2（大都市近郊区間） ………… 106
7-08 ▶ 選択乗車区間での大回り乗車 ………… 108
7-09 ▶ 区間外乗車のしくみ ………… 110

第8章　乗っているときのルール

8-01 ▶ 車内改札 ………… 116
8-02 ▶ 乗車後のトラブル ………… 118
8-03 ▶ 使用開始後の変更と払いもどし ………… 120

第9章　降りるときのルール

9-01 ▶ 途中下車制度のしくみ ………… 124
9-02 ▶ ＪＲ以外の途中下車制度 ………… 126
9-03 ▶ ＪＲ・民鉄連絡乗車券の途中下車 ………… 128
9-04 ▶ きっぷの持ち帰り ………… 130
9-05 ▶ 遅延 ………… 132
9-06 ▶ 誤乗 ………… 133
9-07 ▶ 紛失再発行と再収受証明 ………… 134

第10章　ICカード・ネットで買うきっぷ・タッチ決済

10-01 ▶ ICカード乗車券のしくみ ………… 138

10-02▶ICカードのオプション機能	140
10-03▶エリア外に行く場合	141
10-04▶ICカード乗車券で大回り乗車	142
10-05▶ネットで買うきっぷ	143
10-06▶タッチ決済	145

第11章　列車が止まったときのルール

11-01▶事故・災害・車両故障時などの救済メニュー	148
11-02▶不通特約　不通区間を自分で何とかする	150
11-03▶払いもどし	151
11-04▶有効期間の延長	153
11-05▶無賃送還　無賃で戻る	154
11-06▶他経路乗車　ＪＲの別経路で向かう	156
11-07▶別途旅行　ＪＲ以外で向かう	159
11-08▶そのほかの救済制度	161
11-09▶ICカード乗車券における救済	162
11-10▶ネットで買ったきっぷにおける救済	163

第12章　鉄道旅客運送制度の基礎知識

12-01▶きっぷのルールとは	166
12-02▶鉄道旅客運送制度を理解する意味	170
12-03▶鉄道旅客運送制度の大原則	172
12-04▶鉄道旅客運送制度に適用される法規	176
12-05▶六法全書のような旅客営業規則	178
12-06▶旅客営業規則に従わないといけない理由	180
12-07▶旅客営業規則の全体像を理解する	182
12-08▶規則の限界（遅延で最高裁まで闘った話）	186

| 参考資料 | 189 |
| 索引 | 191 |

コラム

ＪＲの会社が違うのにまとめ買いができるわけ	032
国際連絡乗車券	044
1時間59分30秒の遅れで払いもどし？	054
多彩なＪＲ会員割引制度	076
まだ使える○○カード	094
たった1円のきっぷ	114
担ぎ屋さんのアイテムだった定期手回り品切符	122
そばを食べるときっぷが無効になる？	136
QRコード乗車券の将来	146
命の保証がないきっぷ？	164
こんなことも鉄道営業法で決められている	188

はじめに

　現在、多くの鉄道会社においてICカード乗車券が普及しています。さらに、ク
レジットカードによる乗車方法やQR乗車券も出現しています。また、駅員のいる
窓口は徐々に少なくなっており、多機能乗車券類発売機（多機能券売機）やネッ
ト予約が主流になりつつあります。窓口できっぷを買って、改札口で鋏を入れて
もらっていた世代からすると、随分と便利になったものだと感心するとともに、
少し寂しさも感じます。

　しかし、ＪＲを例にして、その背景にある規則をひも解くと、たいへんなこと
になっているのがわかります。国鉄の民営化以降、各社が独自の制度を積み重ね
てきたうえに、ICカード乗車券の規則も各社独自となっており、それらの制度は
国鉄時代からＪＲ各社に承継されている「旅客営業規則」という紙のきっぷを前
提としたルールの上に継ぎ足されているからです。ミルフィーユのように何層に
もなった規則は互いの矛盾を回避すべく、ギリギリのところで維持されているよ
うな様相です。

　そのような複雑怪奇な規則類を俯瞰して、私の専門である法律学の観点から何
とかわかりやすく読み解きたいというのが本書の目論見です。対象は特記なき限
りＪＲの旅客制度です。あまり枝葉の議論には立ち入らず、根本にある考え方が
理解できるような知識に限定しています。さらに、近年増えている災害による運
行トラブルを考慮して、対処用の解説は詳しくしています。これらにより、『時刻
表』のピンクのページ（ＪＲの営業案内）や鉄道各社のホームページに書かれて
いるQ&Aの行間を埋めることができるものと期待しています。

　本書は最終章で規則類の全体を貫く基本的な考え方について法律論にさかのぼ
って解説しています。より理解を深めたい方は第12章から読まれると、鉄道旅客
運送制度の構造が鮮明になりますし、イレギュラーな事案に対処するためのヒン
トも出てくるかと思います。

2024年11月　荻野貴久

短期滞在の外国人用乗車券　ジャパン・レール・パス（国鉄発行）

凡例

- 法令や規則などは、2024（令和6）年10月24日の現行規定に基づいています。
- 各旅客鉄道会社は「ＪＲ」と略して表記しています。
- ＪＲ以外の鉄道会社は「民鉄」と表現を統一し、各社とも株式会社の表記は省いています。
- 旧日本国有鉄道は「国鉄」と略して表記しています。
- ご自分で調べる際や駅で相談するような場合を想定して、必要な根拠条文を記載しています。
- 特記なき限り「旅規」と表記してある場合は、ＪＲ各社の「旅客営業規則」を示し、「基準規程」と表記してある場合は「旅客営業取扱基準規程」もしくは「旅客営業取扱細則」（ＪＲ東海）を示します。前者が約款に相当するもので、後者は社内の事務取扱基準の役割をもっています。現行規定でない場合は「旧」を冠しています。
- すでに廃止されている「旅客及荷物運送規則」（1958［昭和33］年9月23日まで）は「旧旅規」と略し、「同取扱細則」は「旧細則」と略し、確認した年代を併記しています。
- 「乗車券類発売機」は「券売機」と表現しています。
- 「ＩＣカード乗車券」は「ＩＣカード」と表現しています。
- 一般にいわれる「有人駅」と「無人駅」は、旅規にあわせて「駅員配置駅」と「駅員無配置駅」を表現しています。簡易委託駅（6-01［どこで買うか］を参照）は駅員無配置駅に該当します。
- 特記なき限り、掲載した写真の著作権者は筆者です。

006

第1章

きっぷの種類と運賃・料金のしくみ

現在の時刻表に相当する明治時代の『旅行案内』

1-01 制度上の違い

旅客営業規則に基づく分類

きっぷのしくみを知るうえで、一般的には八つに分けるとわかりやすいと思います。①乗車券、②料金券、③入場券、④手回り品切符、⑤一時預り切符、⑥特別企画乗車券、⑦ICカード乗車券、⑧タッチ決済です。「きっぷ」という表現はそもそも通称ですし、ＪＲの旅規に準拠して「乗車券類」（旅規18条）という表現を用いてもわかりにくいと思うので、このような形で理解してもらえば支障ありません。

乗車券と料金券

法的な側面から見ると、運賃に関わるところと料金に関わるところに大別できます。運賃は運んでもらうための報酬（運送賃）。すなわち、旅客運送契約の基本的な債権（運送を請求する権利）・債務（運送を行う義務）の本質的な要素に該当します。そのうえで、早く行きたい場合は急行料金（特急料金も含みます）、席を確保したい場合は指定席料金、特別な車両に乗っていきたい場合はグリーン料金（特別車両料金）や寝台料金というオプションに対してお金を支払うわけです。たとえば、寝台特急〔サンライズ瀬戸・出雲〕の寝台を利用するときは、運送契約という基本的な部分に加えて特急の要素と寝台の利用権がセットになった複合的な契約といえるでしょう。だから、運送契約の原点からみても、特急券と寝台券だけでは乗車できないといえます。昭和初期にできた鉄道運輸規程11条も、運賃及び料金という表現となっており、当時からこのような考え方が根底にあることがわかります。ただし、1969（昭和44）年までは旅客車両に等級制を設けていたので、現在のグリーン料金相当が運賃に含まれていました（詳細は3-04［グリーン券（特別車両券）のしくみ］を参照）。

なお、特急券はデフォルトが指定席という位置づけなので、特急券を購入することはスピードとともに席が確保されていることになります。普通列車より座り心地がよい分も特急券に含まれています。このように頭の中を「運賃」と「料金」に大きく分けて、あとは施設利用料の入場券と企画乗車券のカテゴリを把握したうえで、後から出てきたICカードとタッチ決済を別枠として捉えたらよいのです。ICカードも同じような構造で、基本の運賃部分とオプションの料金部分（グリーン料金＝特別車両料金）、さらに入場サービスに分かれます。

第1章　きっぷの種類と運賃・料金のしくみ

入場券

　少し特殊な入場券の法的性質だけ補足しておきます。前述の通り、旅規に一緒に規定されていますが、運んでもらうという旅客運送契約ではありません。駅を使わせてもらうという施設利用契約にあたります。

旅客営業規則に基づくきっぷの分類

（規則上の区分）					（根拠規定）	（一般的な区分）
乗車券類	乗車券	普通乗車券	片道乗車券		旅客営業規則	乗車券
			往復乗車券			
			連続乗車券			
		定期乗車券	通勤定期乗車券			
			通学定期乗車券			
			特殊定期乗車券	特別車両定期乗車券		
				特殊均一定期乗車券		
		普通回数乗車券				
		団体乗車券				
		貸切乗車券				
	急行券	特別急行券	指定席特急券			料金券
			立席特急券			
			自由席特急券			
			特定特急券			
		普通急行券				
	特別車両券	特別車両券（A）	指定席特別車両券（A）			
			自由席特別車両券（A）			
		特別車両券（B）	指定席特別車両券（B）			
			自由席特別車両券（B）			
	寝台券	A寝台券				
		B寝台券				
	コンパートメント券					
	座席指定券					
乗車整理券						
入場券		普通入場券				入場券
		定期入場券				
手回り品切符		普通手回り品切符				手回り品切符
一時預り切符						一時預り切符
特別企画乗車券		「青春18きっぷ」など			通達類	特別企画乗車券
ICカード乗車券		グリーン券（特別車両券）・特急券・入場券・企画乗車券などの機能もある			ICカード乗車券取扱規則など	ICカード乗車券
タッチ決済		クレジットカードで乗車			タッチ決済取扱規則など	タッチ決済

009

1-02 性状による違い

硬券・軟券・半硬券

きっぷの厚さに着目した区分です。詳しい規定は基準規程179条に「乗車券の紙質等」として厚さや紙質が指定されています。しかし、ここでは硬券や軟券といった表現は登場しません。硬券や軟券という言い方はここ40年間ぐらいでしょう。1980年代でも国鉄職員の中で「硬券」という表現はなじみがありませんでした。現在でも、旅規上は、227条の乗車変更専用特別補充券で硬券と軟券の区別があるぐらいで、正式な表現とは言いにくい面があります。

きっぷファンの分類を借りると、厚紙の物を硬券、ペラペラの物を軟券といいます。マルス券や券売機券は少しだけ厚いので、軟券に含めない方もいます。後に掲げている特急券が硬券、酒田車掌区の車内補充券が軟券です。

半硬券というのもあり、民鉄で普及した短冊形の連綴タイプの乗車券などを表現するきっぷファンの俗称です。いまでも1970年代に登場したままの姿で豊橋鉄道の杉山駅（正確には駅前の売店）で購入することができます。

常備券・準常備券・補充券

どの程度印刷されたきっぷであるのかという完成度に着目した表現です。旅規では189条以下に詳細に規定しています。日付を入れるだけで発売できるのが常備券、該当する区間で切断して発売するのが準常備券、あれこれ書き込まないといけないのが補充券です。

このうち、究極の常備券はきっぷファンの間で「完全常備券」と呼ばれ珍重されました。指定券などで、日付と席番以外がすべて印刷されていたからです。いまはまず見ることはできません。

つぎに準常備券です。金額が大きいほどサイズが大きくなります。納金ときっぷの断片を一致させることで売上金の管理をする仕組みでした。いまでは大井川鐵道などの一部の民鉄で見るだけとなっています。

他方で、究極の補充券は「一般用特別補充券」です。民鉄では、むかしの国鉄

豊橋鉄道杉山駅の半硬券

日付と席番以外がすべて印刷されている
完全常備券（硬券）

第1章　きっぷの種類と運賃・料金のしくみ

いまでも大井川鐵道で見られる準常備券

酒田車掌区の車掌が列車内で作成した車内補充券（軟券）

車内補充券発行機で発行されたレシート形状のきっぷ

駅の券売機で発行された、裏が黒色のきっぷ

の表現を踏襲して「特殊補充券」と呼ばれることが多いです。どちらも現場では「特補」と呼ばれます。これが出札に置かれたものが出札補充券（「出補」）、改札に置かれたものが改札補充券（「改補」）です。ほぼ白地状態なので、なんでもつくれてしまうという万能さがあります（2-05［最長片道きっぷ］の事例参照）。

　車内補充券発行機が登場する前は、穴をあける入鋏式タイプ（特殊区間用特別補充券）とともに同じ様式の一般用特別補充券を車掌は所持していました。揺れる車内で、秒速で計算して、いかに的確に乗車券を作成できるかが客扱い車掌の真骨頂だったそうです。

機械で売るきっぷと手で売るきっぷ

　現在でも、簡易委託駅（6-01［どこで買うか］を参照）などでは手売りの乗車券（7-04［マルム乗車券］を参照）が存在し、きっぷファンの間ではひそかな人気です。紙の乗車券とICカードは制度上違いますが、紙の乗車券は機械で出そうと、手で売ろうと効力は変わりません。

駅で買うきっぷと車内で買うきっぷ

　制度上は、出札で売るきっぷ、改札で売るきっぷ、車掌が売るきっぷは厳格に分かれています。そして、実際に設備されている様式も違います。駅であれば、裏が黒色になったマルス券や券売機券が主流ですし、車掌の場合は車内補充券発行機でレシート形状のきっぷが発行されます。書かれている文言は微妙に違いますが、効力は同じです（一部料金設定が違う場合があります）。

011

運賃の基本構造

運賃改定の歴史

現在、発売されている『JR時刻表』の運賃表をご覧ください。5種類あまりの運賃表に加えてICカードの表が掲げられており、なかなか複雑に見えます。

このような表の分離は1984（昭和59）年に始まります。それ以前は全国一律です。当時は郵便料金と同じようにユニバーサルサービスの考え方があったわけです。

ここで現在の運賃体系に至った大雑把な歴史を表にしてみます（加算運賃などの細部は割愛）。

現在の運賃体系

	1984年〜	1986年〜	1996年〜		2014年〜	
同一の運賃表	幹線	幹線	幹線	東日本・東海・西日本	幹線	東日本・東海・西日本
				北海道 / 四国・九州		北海道 / 四国・九州
	地方交通線	地方交通線	地方交通線	北海道・東日本・東海・西日本	地方交通線	北海道・東日本・東海・西日本
	国電区間	国電区間	電車特定区間		電車特定区間	
	山手線・大阪環状線	山手線・大阪環状線	山手線・大阪環状線		山手線・大阪環状線	
					JR東日本ICカード乗車券	幹線
						地方交通線
						山手線
						東京の電車特定区間
						東京の特定区間

1984（昭和59）年当時、国鉄路線はすでに国鉄再建法（日本国有鉄道経営再建促進特別措置法・1980［昭和55］年制定）に基づいて幹線と地方交通線に分けられていました。輸送密度（営業キロ1キロあたりの1日平均旅客輸送人員）の多寡に応じて路線をランク分けしていたのです。現在の『JR時刻表』の地図を見ると、幹線が黒色になっていて、地方交通線が青色になっていることがわかるでしょう。それが名残です。

まず1984年に幹線と地方交通線の運賃体系を大きく分けたうえで、それぞれ値上げを行い、東京や大阪の国電区間（現在の電車特定区間）内で10キロまでの乗車と山手線・大阪環状線内のみの乗車の場合は値上げをせずに据え置かれました。国電区間とは、東京だと千葉、取手、大宮、高尾、久里浜などに囲まれた

区間、大阪だと奈良、長尾、京都、西明石、和歌山などに囲まれた区間を示します。要するに、乗客の少ない路線順に単価が高くなり、3段階の体系ができたわけです。これが現在も基本の形が踏襲されています。

その後、1986（昭和61）年に国電区間と山手線内・大阪環状線内に分かれた運賃制度となり、JRに移行しました。

JRになってからは、1996（平成8）年にJR北海道、四国、九州が別の運賃制度となり、それぞれ値上げされたことが大きな変化です。国鉄は民営化されるときに全国統一の運賃体系は維持するとのことでしたが、厳しい経営環境も背景に、本州とはちがった賃率としたのです。これらの複雑さの歴史は旅規（77条から85条まで）を見るとよくわかります。

最後に、バリアーフリー料金を付記しておきます。これは2023（令和5）年3月から始まったもので、料金という名称ですが、付加運賃の要素に近いものです。鉄道施設のバリアーフリー化を進めるうえで必要な費用を利用者に負担にしてもらう、という発想からきています。

遠距離逓減制運賃

国鉄〜JRの運賃制度は、距離が長くなるほど加算額が減っていくのが特徴で、非常に歴史のある営業政策のひとつです。さかのぼると、1899（明治32）年に始まったもので、都市部と地方の交流を活性化し、日本の発展を促すといった意図にあったようです。

このような遠距離逓減制を有効活用した旅を挙げておきます。

東京都区内から東海道本線に乗って（新幹線も乗車可能です）、飯田線を経由し、中央本線で帰ってくるルートです。いまなら新幹線か特急〔あずさ〕のどちらかを使ったルートで往復するのが一般的ですが、きっぷが発行された1968（昭和43）年当時は遠距離逓減制のメリットを活かすために、1周回ってくるというスタイルが一般的であったことがよくわかる乗車券です。常備券の存在は一定程度の需要があったことを想起させます。いまでも東京→京都→金沢→東京といった旅で用いられます（山科〜京都間は別途支払い）。

遠距離逓減制を有効活用して、1968（昭和43）年に発行された東京都区内から東京都区内ゆきのきっぷ

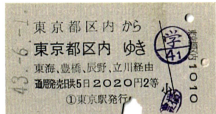

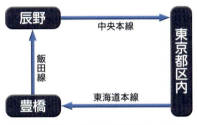

東海道本線、飯田線、中央本線を経由する東京都区内から東京都区内ゆきのきっぷのイメージ

1-04

大人・小児・幼児・乳児のちがい

1 2 3 4 5 6 7 8 9 10 20 30

教育制度に準じた区分け

原則として、年齢によって大人、小児、幼児に分けていますが（旅規73条）、それだと小学校1年生と6年生で取扱いが煩雑となるので、下表「年齢による区分け」のとおり例外を設けています（基準規程111条）。特急券や急行券も同様です。旅規よりも上位規範にあたる鉄道運輸規程10条1項では、同伴する6歳未満の小児は1名までの無賃を強制していますが、旅規上は2名まで無賃としていますので（旅規73条2項および4項）、ＪＲは国が求める基準よりも旅客を優遇しているわけです。

大人のみのきっぷ

他方で、グリーン料金（特別車両料金）、寝台料金及びコンパートメント料金は、旅客の年齢によって区別していません（旅規73条2項5項）。設備利用料金とみるのが理由です。おそらく原価の差がないことなどが背景としてあると思われますが、寝台以外は少し根拠が薄弱なようにも感じます。というのも、グリーン券の項目で詳述しますが、昔は運賃が車両のグレード別の等級制になっていたので、施設使用料というより運賃の色彩が強かったからです。等級制が廃止された直後の1969（昭和44）年から1974（昭和49）年までは、その名残もあって小児は半額でした。

また、小児の入場券は大人の半額ですが、1974（昭和49）年より前は大人と小児を区別していませんでした。小児の需要がなかったものと推察されます。

年齢による区分け

乳児	0歳	
幼児	1歳〜5歳	
小児	6歳〜11歳	小学生。ただし、小学校入学前は幼児として扱うことができる
大人	12歳〜	中学生以上。ただし、小学生は小児として取り扱うことができる

1965（昭和40）年に発行された飯田駅の硬券入場券。大人と小児を区別しない

普通入場券
A飯田駅
料金 10円
通用発売日当日1回限り
客車内に立入ることはできません。

1-05

新幹線と並行在来線の関係

`1 2 3 4 5 6 7 8 9 10 20 30`

同一線路となる区間

　まず、新幹線と並行在来線を同一線路として扱う原則が置かれています。旅規上、東海道新幹線ではなく、「東海道本線（新幹線）」となっているように、新幹線自体が並行在来線の増設という位置づけです。つぎに、山形新幹線と秋田新幹線です。これは通称で、厳密には奥羽本線、田沢湖線に単に新幹線に直通する列車が走っているだけということになります。理由はスピードです。全国新幹線鉄道整備法2条による「新幹線鉄道」の定義である200キロ以上の走行速度を満たさないからです。

　ややこしいのは新下関〜博多間の取扱いですが、これはJR九州が運賃体系を別にしたところで分けた規定です。中二階のような形なので、少しわかりにくくなっています。

別線路となる区間

　さらにわかりにくいのが、16条の2第2項です。たとえば京都→名古屋→高山のルートを想定します。

　1項の同一線路の規定に従うと、岐阜羽島〜名古屋間が復乗になってしまうので、旅客への便宜や事務処理手間を考慮して別線路とする特例を置いているわけです。これにより、京都市内から高山まで片道乗車券を購入できるので、遠距離逓減制の恩恵を受けることができます。

新幹線と在来線に関わる規定

16条の2	1項	（要点）新幹線（新下関〜博多間を除く）と並行在来線は同一線路として取り扱う。1項の例外規定。
	2項	（要点）新幹線の駅が並行する在来線上にない区間で、両端駅の間にある駅を発駅、着駅または接続駅とする場合は線路が異なるものとして取り扱う。
16条の3		（要点）新下関〜博多間については、適用する賃率だけ別線路とするが、乗車券の発売や区間変更の際は同一線路として取り扱う。 （詳細）16条の2第1項が適用されない区間である新下関〜博多間は、実際と同様に別線路として取り扱うが、次の場合には16条の2第1項を準用して例外的に同一線路として取り扱う。 **(1) 普通乗車券の発売方法** ①環状線1周となる経路（旅規26条1号但書が参照する旅規68条4項1号） ②復乗区間を含む経路（旅規26条1号但書が参照する旅規68条4項2号） ③新下関〜博多間において、新下関・小倉・博多の各駅で山陽新幹線と在来線（山陽本線・鹿児島本線）を乗り継ぐ経路（旅規26条1号但書が参照する旅規68条4項3号） ④新下関〜博多間を新幹線と在来線の相互の経路を使った往復乗車券の経路（旅規26条2号但書） ⑤連続乗車券の経路（旅規26条3号） **(2) 区間変更での取り扱い** 同上の①②③と同様の状況で区間変更の処理をする場合（旅規242条2項が参照する旅規68条4項）
16条の4		（要点）並行在来線がない区間は単一の線路として取り扱う。

015

1-06 特定区間の運賃計算

少し複雑な広島〜徳山間の事例

具体例から示した方がわかりやすいかもしれません。『JR時刻表』の山陽本線のページにはつぎのような文言があります。「〔特定運賃〕岩国以遠（大竹方面）の各駅と、櫛ケ浜以遠（徳山方面）の各駅との運賃・料金は、山陽本線回りの場合でも岩徳線回りの運賃計算キロで計算します」。これを図示してみます。

広島〜徳山間の事例の模式図

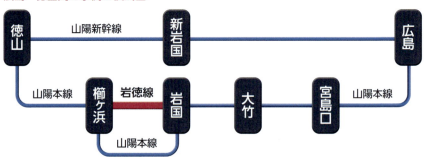

この注意書きの意味は、山陽本線経由で通過するとしても、距離の短い岩徳線経由で計算しますということです（旅規69条）。乗車券の券面に経路は指定されません（基準規程186条）。さらに、この区間は山陽新幹線と山陽本線を同一線路と見る関係上（1-05［新幹線と並行在来線の関係］参照）、山陽新幹線に乗っても、岩徳線の距離で計算されることになります。しかも100キロを超える乗車券であれば途中下車も可能です。これは、山陽新幹線上に岩国駅や櫛ケ浜駅は存在しませんが、岩国駅は新岩国駅、櫛ケ浜駅は仮想の櫛ケ浜駅があるとして、山陽新幹線でも岩徳線経由の運賃で計算することを意味します。

ちなみに、この区間に重なる徳山〜広島間は選択乗車区間でもあるので（7-06［選択乗車のしくみ1］参照）、徳山方面から来て新岩国で新幹線を降りて、錦帯橋に寄ってから岩国で山陽本線に乗り換え、さらに宮島口に寄ってから広島に向かうという旅程が追加運賃を必要とせずに1枚の乗車券で可能です。

この制度が存在する意味

制度趣旨は、旅客がどちらの経路も選択する可能性が高く、都度、経路変更な

どの区間変更をしていてはお互いに手間なので、安い方で統一して運賃計算するということです。つまり、運賃収入を犠牲にしても事務処理上の便宜をとっているわけです。しかし、岩国〜櫛ケ浜間の利用客は圧倒的に山陽新幹線＞山陽本線＞岩徳線なので、不思議に感じます。

　これは歴史が関係しています。もともと岩徳線は山陽本線なので、切り替わった当初はどちらの需要もそれなりにあったのでしょう。その制度のまま現在に至っているといえます。現在の西岩国駅は昔の岩国駅ですが、岩徳線が山陽本線だった時代を感じることができます。

　なお、この制度は一見、選択乗車（7-05［選択乗車のように見える制度］・7-06［選択乗車のしくみ1］・7-07［選択乗車のしくみ2（大都市近郊区間）］を参照）のように見えますが、運賃計算の根拠規定であり、その計算経路は乗車券に表示しないという点が重要です。

ほかの特定区間

　このような運賃計算経路が特定された区間は、ほかに8か所存在します。

1. **函館本線**（大沼〜森間）
2. **東北本線**（日暮里〜赤羽間）
3. **東北本線**（赤羽〜大宮間）
4. **東海道本線**（品川〜鶴見間）
5. **総武本線・外房線・京葉線**（東京〜蘇我間）
6. **東海道本線・湖西線・北陸本線**（山科〜近江塩津間）
7. **大阪環状線**（大阪〜天王寺間）
8. **山陽本線・呉線**（三原〜海田市間）

かつては山陽本線の岩国駅であった現在の岩徳線西岩国駅

1-07
都心を通過する場合の運賃計算（70条区間）

70条区間のメリット

山手線内と総武本線錦糸町や東北本線赤羽までのエリアを通過する乗車券には、ルートを自由に選べるボーナスエリアがあります。途中下車が可能な乗車券の場合は、う回ルートでも途中下車ができます（後戻りは不可）。旅規70条に規定されているので、レイルファンの間では「70条区間」などと呼ばれています。

図中の太線区間を通過する場合は、もっとも短い営業キロによって計算すると規定されています。以前は大阪にもあったのですが、現在は東京のみです。

実例から見てみます。きっぷの写真は神戸市内からさいたま新都心までの乗車券で、70条区間を通過するものです。途中下車印を見ると、五反田、飯田橋、秋葉原と途中下車していることがわかります。もし、これを東京都区内までの乗車券にすると五反田で回収されますので、五反田、飯田橋、秋葉原でそれぞれ乗車券を買う必要が出てきます。

誤解されやすい70条区間

この規定は運賃計算規定ですが、逆に効力面からとらえると、選択乗車（7-06［選択乗車のしくみ1］・7-07［選択乗車

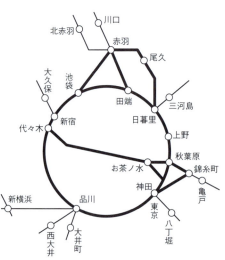

『JR時刻表』に掲載されている、ルートを自由に選べるボーナスエリア

山手線外の赤羽や尾久などでも途中下車できる

第1章　きっぷの種類と運賃・料金のしくみ

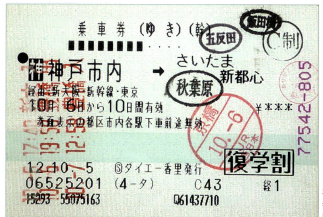

神戸市内からさいたま新都心までの乗車券。70条区間での途中下車が可能

のしくみ2（大都市近郊区間）］を参照）と同じような機能をもっているため、いちばん誤解されやすい制度です。

70条で運賃計算根拠を示すとともに、経路の指定は行わない旨が規定されているので、乗車券上も経路が省略されます。いちおう旅規70条だけでう回経路を通れるという解釈は可能ですが、わかりにくいため旅規159条で乗車券の効力規定が置かれています。確認の意味です。

なお、このような各規定の位置関係と解釈順序の思考方法は12-07［旅客営業規則の全体像を理解する］をご参照くだ

さい。

大都市近郊区間との関係

大都市近郊区間内で完結の乗車券は、う回する経路であっても、運用上、運賃がいちばん安くなる経路で計算するため、運賃計算の規定と見られがちですが、これは選択乗車制度です。制度の位置づけとしては違いますので、注意喚起のため付記しておきます。7-07［選択乗車のしくみ2（大都市近郊区間）］をご参照ください。

70条の運賃計算根拠

運賃計算規定
70条　もっとも短い営業キロで計算
　　　経路の指定を行わない

乗車券の発売規定
26条　普通乗車券の発売
　　　※乗車券に当該区間の経路は表示されない

乗車券の効力規定
159条　特定区間におけるう回乗車
　　　　※当該区間のう回を認める規定を補充的においている

1-08 特定都区市内を発着する場合の運賃計算

制度の概要

　一般に特定都区市内制度と呼ばれるものです（旅規86条、87条）。札幌、仙台、東京、横浜、名古屋、京都、大阪、神戸、広島、北九州、福岡については、都区内や山手線内、各市内のエリアを大きな駅と擬制した発着駅として取り扱うルールがあります。該当する駅の駅名標には区や広といった表示があります。

　乗車券は本来、旅客の希望する駅まで発行することになっているのですが、手売りの時代は、遠くの小さな駅を指定されると発行までに相当な手間がかかっていました。そこで出てきた発想が、大きな都市をひとまとめにしてしまうという手段です。こうすれば、遠くの駅からであっても、目的の都区市内までの乗車券を用意しておけば、一定の需要に応えることができ、秒速で発行できたのです。

　写真のきっぷは飯田線の飯田から東京都区内までの国鉄時代の乗車券です。東京までと言われても、飯田橋までと言われても、これ1枚を発行すれば事足りたわけです。

　マルス端末や券売機に小さな駅まで収

可部線河戸帆待川駅の駅名標には、特定都区市内制度を示す広の表示がある

飯田線飯田から東京都区内までの国鉄時代の乗車券。特定都区市内制度により、東京都区内であればどの駅も目的地となる

特定都区市内の駅のひとつである山手線高輪ゲートウェイ

山手線高輪ゲートウェイの駅名標には山区の両方が入る

容された現代では存在意義が薄れているのかもしれません。

エリアの端で分割

たとえば、博多から三次に行く場合です。福岡市内から三次まで直接買うと6380円ですが、広島市内までの乗車券（5170円）をもって三次まで乗り越すと、広島市内の端にあたる井原市でいったん切るので、井原市→三次590円（別途片道）を追加で支払うこととなり、620円分安くなるといった現象が生じます。

金額が逆転する場合の処理

特定都区市内制度の適用は、中心駅から着駅までの営業キロが200キロ（山手線内は100キロ）を超えた場合なので、距離の境界付近では、逆転現象が起きます。これをつぎの事例のように補正するのが基準規程114条です。

広島市内の端にある井原市から新下関に行く場合を考えます。このとき特定都区市内制度が用いられるかは、市中心駅である広島と新下関間の距離で決まります。194.5キロ（営業キロ）なので、適用なしとなり、井原市から新下関までの239.7キロ（運賃計算キロ）で4070円となります。ところが、その先の下関まで購入すると、広島〜下関間の距離で運賃を判定するので、206.1キロ（運賃計算キロ）で3740円となります。乗車券も広島市内→新下関となり、広島市内に含まれる井原市から使用可能です。要するに、2駅先まで購入した方が安くなるという逆転現象が起きます。これを解消するため、本規定が置かれています。運賃だけ同じ金額まで引き下げ、井原市→新下関で、3740円となります。

特定都区市内制度を利用することで、目的地までの乗車券が安くなる例

特定都区市内制度適用区間と不適用区間で運賃の逆転現象の例

（運）：運賃計算キロ、（営）：営業キロ

021

大都市近郊区間内の完結の場合

大都市近郊区間内で、発着駅が特定都区市内や山手線内に含まれていて、特定都区市内の中心駅からの距離が200キロ以内（山手線内の場合は100キロ以内）に収まるときは、この制度を使わないことにして発駅から最短経路で運賃を計算できます（基準規程115条）。

日暮里→（常磐線）→我孫子→（成田線）→香取の事例でその適用を考えてみます。

ステップ1 日暮里は山手線内なので、特定都区市内制度が適用されて、東京→我孫子→香取で計算し、1980円になります。しかし、特定都区市内制度によって損をしてしまうので、補正するためにこの規定の適用を考えます。

ステップ2 東京（中心駅）→香取の最短経路を確認すると、98.9キロなので、本規定が適用されて、特定都区市内制度除外条件に当てはまります。

ステップ3 日暮里→香取の乗車区間で計算し、1690円となります。

大都市近郊区間内の完結の場合の、特定都区市内制度を適用するか否かの例

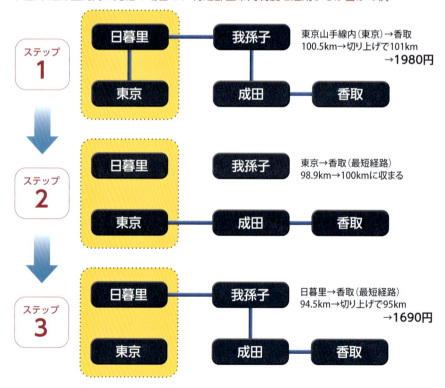

第1章 きっぷの種類と運賃・料金のしくみ

なお、選択乗車制（7-07［選択乗車のしくみ2（大都市近郊区間）］を参照）があるので、う回乗車も可能です。秋葉原を回って総武本線経由で向かうこともできるわけです。乗車券は日暮里→香取になります。

同じ都区市内の駅で途中下車する場合

都区市内を出る前に、そこまでの運賃を支払うことで改札を出ることが可能です（旅規166条）。

たとえば、写真の事例です。可部から乗車して、いったん広島で出場したもので、当該旅規に基づいて、使用開始前と同じような状態にしています（ただし、

同じ都区市内の駅で途中下車して、使用開始前と同じ状態になったきっぷ

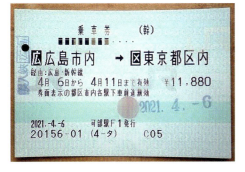

払いもどしはできません）。規定上は途中下車印を押す決まりなのですが（基準規程161条）、最近は誤入鋏処理をして、もう一度使えるようにする方法が主流です。

このほか、東京や上野では、特急券を持っている場合に限って、運賃を支払わなくても一時出場可能な運用をしています（基準規程145条）。

都区市内を出て再び都区市内を通過する場合

秋葉原→（総武線）→千葉→蘇我→（京葉線）→東京→豊橋のように、いったん特定都区市内のエリアをでて、再度、当該エリアを通過する場合は、特定都区市内の制度からは離れ、秋葉原→豊橋のような単駅指定の乗車券となります（旅規86条但書）。遠距離逓減制（1-03［運賃の基本構造］参照）を十分に使えるよう配慮しているわけです。

特定都区市内での折返し乗車

特定都区市内のエリア内おいて、列車に乗り継ぐための折返し乗車が認められています（旅規160の3）。7-09［区間外乗車のしくみ］を参照ください。

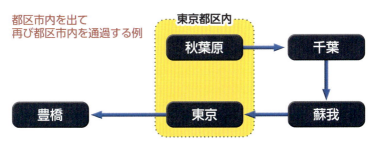

都区市内を出て再び都区市内を通過する例

023

1-09 有効期間

片道乗車券の有効期間

乗車券は距離によって有効期間が加算されます。100キロまでが1日、200キロまでが2日、以降は200キロごとに1日加えます（旅規154条1項1号イ）。ただし、大都市近郊区間内（旅規156条2号）発着で完結する乗車券はどれだけ距離があっても1日です。また、有効期間1日の乗車券は途中下車前途無効と理解しておいて間違いはありません。

大都市近郊区間を外す場合

大都市近郊区間（7-07［選択乗車のしくみ2（大都市近郊区間）］を参照）に属する駅間の移動で有効期間を2日以上にしたい場合は、新幹線を経由することで可能となります（京都～新大阪間および西明石～相生間は除く）。

たとえば、東京から東海道本線を使って熱海に行く際に、途中の湯河原で途中下車して1泊したい場合です。東海道本線経由で買うと大都市近郊区間に含まれるので、湯河原で下車すると、前途無効となります。しかし、東海道新幹線経由にすると大都市近郊区間を外れるので、2日間有効な乗車券となります。これで東海道本線も乗れます（根拠は1-05［新幹線と並行在来線の関係］参照）。

もうひとつは、大都市近郊間の外まで購入する方法です。たとえば、エリアのひとつ先にある函南まで購入すれば、大都市近郊区間を外れるので2日有効で途中下車可能な乗車券となります。

往復乗車券と連続乗車券の有効期間

それぞれの券片の有効期間をあわせた日数となります（旅規154条1項1号ロおよびハ）。

したがって往復乗車券や連続乗車券を

大都市近郊区間に属する駅間の移動で有効期間を2日以上にしたい場合

第1章　きっぷの種類と運賃・料金のしくみ

料金券の有効期間

	指定券	自由席券	関連規定
急行券 特急券	券面に指定された乗車日、列車、座席および乗車区間に限って有効	券面に表示された乗車日の1個の列車に1回に限って有効。乗車後に有効期間を経過した場合でも券面着駅まで有効	旅規172条1項・同3項
グリーン券 （特別車両券）	券面に指定された列車、旅客車または座席に限って有効	券面に表示された乗車日の1個のグリーン車に1回に限り有効。乗車後に有効期間を経過した場合でも券面着駅まで有効	旅規175条1項・同2項
寝台券	券面に指定された寝台に限って有効		旅規178条
コンパートメント券	券面に指定されたコンパートメント個室に限って有効		旅規182条の2
座席指定券	券面指定の列車、旅客車または座席に限って有効		旅規182条の4

意図的に購入することで有効期間を増やすことが可能です。たとえば、東京都区内から大阪市内までの乗車券は4日間有効ですが、名古屋で4泊したい場合にどうするか。1日足りません。この場合は往復乗車券にして8日間有効にする方法がひとつあります。

　また、東淀川（大阪市内の端）から吹田（東海道本線をひと駅戻る）までの乗車券を連続2として、連続乗車券にすれば、あわせて5日間になります。連続乗車券の詳細は2-03［連続乗車券］を参照ください。

料金券の有効期間

　指定券と自由席券に大きく分けて考えてもらえばわかりやすいでしょう。

　指定券は、指定された列車の指定席などに有効とあるだけで、期間の指定はないので、日をまたいでも有効です。自由席券の方は「乗車日」であればどの列車にも乗ることが可能です。ただ、券面には乗車日の記載があるので、日をまたぐ列車に乗車し続けられるのか疑問に思うところです。そこで、乗車後に有効期間を経過した場合でも券面着駅まで有効とする確認規定が置かれているわけです。

そのほかの有効期間について

●不通区間が生じた場合や疾病や怪我などで有効期間が延長できる場合もあります（11-4［有効期間の延長］を参照）。

●有効期間が切れても引き続き乗車できる「継続乗車」という制度もあります（8-02［乗車後のトラブル］を参照）。

●特別企画乗車券は個別に有効期間が定められています。

●ICカードは入場後当日限りです（JR東日本・ICカード乗車券取扱規則40条4号など）。

025

1-10 変更と払いもどしの基本

任意の変更と払いもどし

まず、旅客運送契約上、旅客の意思に基づく変更については鉄道会社の好意と見るべきです。本来、契約は一度決めたら一方的な変更を許していません（運送契約の構造については12-03［鉄道旅客運送制度の大原則］を参照）。払いもどしについては、請負契約なので一方的な解除は可能ではあるのですが（民法651条）、請負契約の解除自体が特殊な位置づけなので、取引慣行的には違和感があるところです。

各法規の体系的な位置を図示しておきますので、この原則をもとに各項目をご覧いただくとわかりやすいと思います。

変更も払いもどしも、旅規上、かなり優遇されていることがわかります。

鉄道会社の法規の体系的な位置

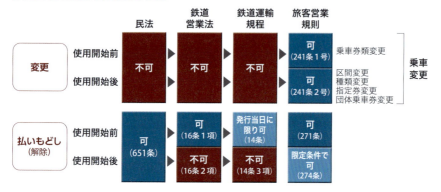

使用開始前（旅行開始前）

使用開始前（旅行開始前）の任意の変更もしくは払いもどしは、改札口で入鋏印が押される前、自動改札機に通す前までがリミットです。駅員無配置駅では、列車に乗る前までを使用開始前（旅行開始前）とみます。この行為で、変更や払いもどしの条件は大きく変わってきます。また、往復乗車券や連続乗車券は2枚セットでひとつの運送契約と見ますので、片方を使い始めたら使用開始となる点に注意してください。

指定券（特急券・指定席券）などは、乗車駅を出発する時刻までが基準なので（旅規248条2項、273条1項）、改札を入

ってしまっても変更や払いもどしが可能です。詳細は6-06［使用開始前の変更と払いもどし］を参照してください。

使用開始後（旅行開始後）

使用開始後（旅行開始後）の任意の変更もしくは払いもどしです。8-03［使用開始後の変更と払いもどし］を参照ください。

払戻証明書

払いもどし時に必要な場合は証明書が発行されるので、経費精算などにこれを使うとよいでしょう。購入済みのきっぷの代金は戻ってくるのですが、払いもどし手数料は鉄道会社側の売上となるので、領収書の意味で発行されます。領収書が発行される場合もあります。

運行不能時の変更と払いもどし

旅客に責任がない運行不能の場合です。その責任が鉄道会社にあるのか、自然災害などの不可抗力なのか、第三者にあるのかといった理由に分かれますが、区別していません。しかも、変更や払いもど

払戻証明書の例

し、無賃送還といったレベルの要求ができるかわりに、損害賠償請求は基本的にできません（例外は12-08［規則の限界（遅延で最高裁まで闘った話）］を参照）。もちろん第三者に責任がある場合は、鉄道会社を通さずに直接、損害賠償請求は可能です（民法709条ほか）。さらに鉄道会社は運行不能によって生じた損害（事故対応費用など）をその責任主体に請求できます。踏切事故などで自動車の運転者に莫大な請求がなされたりするのが一例です。

ここから先の運行不能時の詳しい対応については第11章にまとめてあります。

運行不能になった場合の模式図

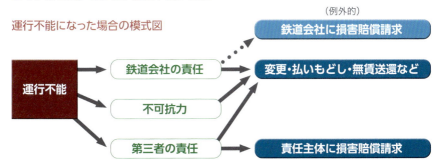

学生割引制度のしくみ

1-11

1 2 3 4 5 6 7 8 9 10 20 30

学生割引制度の歴史

指定された学校の生徒や学生が、学校から発行された学校学生生徒旅客運賃割引証（以下「学割証」と略します。）を用いて乗車券を購入する場合に、ＪＲ線などが2割引になる制度です（旅規92条）。学生証の呈示で簡単に割引になるわけではありません（学生証の呈示だけで割引になる運送機関も多くなっています）。

この制度は戦前に設定されたもので、学校教育の奨励を目的としています。具体的には旅行の機会を増やすことにより見聞を広めることや、帰省などで安価に移動できるようにすることで学校教育に関わる者の費用負担を軽減することにあります。設定当初は、教員や寮監などにも割引がありました。その後、一度5割引となったものの、現在は2割引に落ち着いています。

使用目的は制限されるのか

「学校学生生徒旅客運賃割引証取扱要領」という学生支援機構が学校向けに出している通知文に、発行事由として7項目あります。①休暇、所用による帰省、②実験実習並びに通信による教育を行う学校の面接授業及び試験などの正課の教育活動、③学校が認めた特別教育活動又は体育・文化に関する正課外の教育活動、④就職または進学のための受験等、⑤学校が修学上適当と認めた見学または行事への参加、⑥傷病の治療そのほか修学上支障となる問題の処理、⑦　保護者の旅行への随行。

このように学割証の発行基準があるので、発行申請時に申告した目的と実際の使用時の目的が違っていたら、いちおう不適正な使用となります。というのは、この取り決め自体が、学生支援機構を通じて事務処理基準として要請しているもので、ＪＲと学割証使用者の間に直接、適用されるわけではないからです。この件について、学生支援機構に確認したところ、本取扱要領は基準を定めているもので、明らかに目的外でなければ、発行する学校の裁量にゆだねているとのことでした。

学生割引のこんな利用法

①往復割引とのダブル割

ＪＲの旅客制度は、割引の重複を認めていないのですが、往復割引だけは例外です（旅規76条2項）。いったん往復割引の運賃（1割引）を算出してから、それを往路、復路別に学生割引運賃（2割引）を算出します。

②連続乗車券の活用

連続乗車券は学割証1枚で購入可能ですから、1枚しかないときには重宝します。具体的な方法は［2-03連続乗車券］をご覧ください。

入学前・卒業後の取扱い

学割乗車券は入学式の前でも卒業式のあとでも購入可能です。ただし、学割証を入学式前や卒業式後に発行してくれるかは学校の裁量になります。規則上は4月入学であれば4月1日、10月入学であれば10月1日から有効な乗車券が購入可能です（基準規程45条）。卒業時は卒業する月の月末に有効開始日がかかっていれば購入可能ですから、3月卒業でも、乗車券が3月31日にかかっていれば、4月になっても使えるわけです。

これは、学籍の期間が学校によってまちまちなので、事務取扱いの簡素化や公平な旅客対応のために設けられている規定といえるでしょう。なお、学生割引乗車券で乗車中は、証明書（通常は学生証）を携帯しないといけないですし、求められたら呈示義務があります（旅規171条1項）。購入時の呈示義務はありませんが、乗車直前に購入する場合は係員が確認するときがあります。

卒業証書や学位記をもらう際に学生証を返却することが多いため、事実上、証明書の呈示はできなくなりますが、使用資格があるものとみなして取り扱うことで、問題が起きないようしています（基準規程138条、同45条）。

JR以外にも存在する学生割引

学割は、青い森鉄道、東武鉄道、名古屋鉄道、近畿日本鉄道、南海電気鉄道にもあります。このうち青い森鉄道、東武鉄道と近畿日本鉄道は、JRとの連絡乗車券でも学割にしますので（いわゆる「鉄社学割」）、学割証1枚で学生割引の効いた連絡乗車券を購入可能です。

これ以外のバスやフェリーなどの学割はここに書ききれないぐらいありますので、各会社のサイトにて確認をしてください。

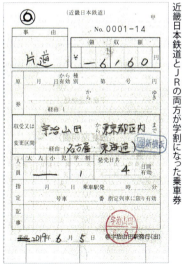

青い森鉄道の学生割引乗車券

近畿日本鉄道とJRの両方が学割になった乗車券

1-12 株主優待制度のしくみ

株主優待制度の分類

鉄道会社の株主優待制度は、大きくふたつに分けることができます（規則上の分類ではありません）。通常のきっぷを割引するタイプの割引型と、優待券自体に乗車券の機能を持たせている乗車券型です。乗車券型は片道乗車券（回数券タイプ含む）とフリーきっぷタイプに分かれます。それぞれ図示すると次の通りです。

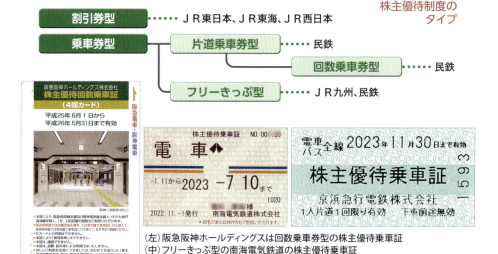

（左）阪急阪神ホールディングスは回数乗車券型の株主優待乗車証
（中）フリーきっぷ型の南海電気鉄道の株主優待乗車証
（右）片道乗車券型の京浜急行電鉄の株主優待乗車証

JRの株主優待制度

2023（令和5）年で乗車券型に変更になった、JR九州の2022（令和4）年までの事例から見てみましょう。

これを使って窓口で割引された乗車券や特急券を購入できました。もちろんJR九州エリア内に限りますが、片道経路ならどこまでも延ばすことが可能でした。

写真は実際の乗車券です。学割のように右下に株主優待割引である旨が表示されます。乗車券も特急券も半額でした。

現在、ここまで割引が効くものは、ほかにJR西日本の株主優待券がありますが、料金券の割引が適用されるのは4列車までという制限があります。それを超えた場合は、割引の効かない特急券などを購入することになります。そのほかに

は、寝台券には使えないといった細かなルールがあるので、利用する際は注意事項をしっかり確認する必要があります。

JR東日本の場合は、4割引で一列車までという制限があります。

JR東海は、1枚あたり1割引、2枚まで使用可能で、料金券は同じく一列車までです。

最後に、現在のJR九州の株主優待券ですが、写真のように1日乗車券となっており、乗車券型のフリーきっぷ形式で

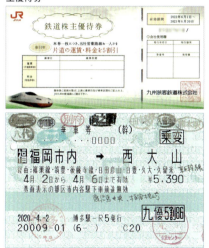

JR九州の2022年度までの制度に基づく鉄道株主優待券

JR九州の2022年度までの制度に基づく鉄道株主優待券を利用して購入した乗車券。右下に株主優待割引である表示がある

現在のJR九州の株主優待券は1日乗車券で、乗車券型のフリーきっぷ形式

す。快速や普通列車用なので、「青春18きっぷ」と同じようなものです。ただし、別に特急券を購入すれば特急にも乗れるという違いがあります。

このJR九州の株主優待券で注意するべき点は、運休時などの救済がないことです。フリーきっぷタイプの場合、使用開始後に救済しようにも判別が難しいことが要因でしょう。ただし、使い始めてすぐであれば、乗車した区間の運賃を支払うことで誤入鋏扱いとし、未使用状態に戻してくれる好意的な対応はあると思います（あくまで駅の裁量です）。

株主優待券・株主割引きっぷの譲渡

そもそも株主でもない場合に株主優待券を使うことができるのかという点が気になります。前述の学割乗車券は、本人の学割証で購入して、なおかつ本人しか使用できないので、同じような制限はないのでしょうか。前出のJR東日本、JR東海、JR西日本の場合は、基準日に株主だった方に株主優待券を配布し、その後の処分権は株主にゆだねています。また、株主優待券の使用の際は所持人を対象に割引する運用をとっています。

しかし、JR九州の場合は、券面に「【非売品】本件の売買等はできません」とあります。JR九州に確認したところ、株主優待券本来の趣旨にそって売買を含めた譲渡を禁止させてもらっているが、無効にするといった措置などは予定していない、とのことでした。

コラム

ＪＲの会社が違うのにまとめ買いができるわけ

ＪＲ西日本発足のオープニングセレモニー
(1987[昭和62]年4月1日)　所蔵：交通新聞社

　会社が違うのにまとめてきっぷが買えることを不思議に思う方もいるようです。

　ここで少し政治的な話題になります。そもそもＪＲ7社というのは1987（昭和62）年に国鉄が分割されて、旅客会社6社と貨物会社1社になったものですが、当時の政府は極力、旅客に負担を及ぼさないような措置とするよう約束しました。経緯と具体的な方向性が表れているのが、「新会社がその事業を営むに際し当分の間配慮すべき事項に関する指針」[※1]です。

　その告示では、国鉄改革（同告示ではこのような略称を用いている）の趣旨をつぎのように述べています。「国鉄による鉄道事業その他の事業の経営が破綻し、公共企業体による全国一元的経営体制の下においてはその事業の適切かつ健全な運営を確保することが困難となっている事態に対処して、これらの事業に関し、輸送需要の動向に的確に対応し得る新たな経営体制を実現し、その下において我が国の基幹的輸送機関として果たすべき機能を効率的に発揮させることが、国民生活及び国民経済の安定及び向上を図る上で緊要な課題であることにかんがみ、これに即応した効率的な経営体制を確立するため、実施されたものである」。

　そして、その方針の中で、「当該旅客が乗車する全区間の距離を基礎として運賃及び料金を計算すること」や「当該旅客が乗車する全区間の距離に応じて運賃を逓減させること」といったことを「当分の間配慮すべき事項」として掲げています。

　いつまで続くのかは当分の間なわけです。この当分の間がＪＲ東日本・ＪＲ東海・ＪＲ西日本・ＪＲ九州で維持されていることにより会社が違っても購入できるし、運賃は通算される仕組みとなっているのです。ＪＲ北海道・ＪＲ四国へは、ＪＲ会社法[※2]を根拠に国土交通大臣から同様の指導がなされています。

※1＝ＪＲ東日本・ＪＲ東海・ＪＲ西日本向け：平成13年11月国土交通省告示第1622号、
　　　ＪＲ九州向け：平成27年12月国土交通省告示第1272号
※2＝旅客鉄道株式会社及び日本貨物鉄道株式会社に関する法律

第2章

普通乗車券の
しくみ

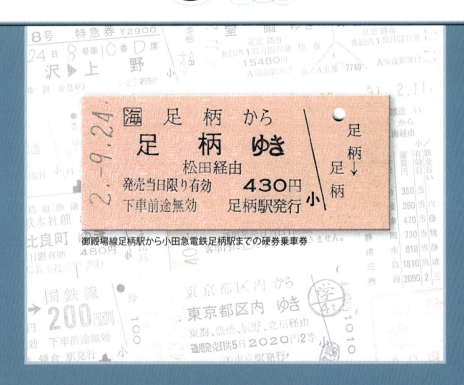

御殿場線足柄駅から小田急電鉄足柄駅までの硬券乗車券

2-01 片道・往復・連続のちがい

片道乗車券

極論から説明します。『ＪＲ時刻表』巻頭路線図で不思議な円状になっている山万ユーカリが丘線を取り上げます。仮に、この路線で公園→公園→公園と、２周しようとした場合を考えます。規則が存在しないとすると、２周を１枚の乗車券で売るということもあり得ますし、２枚の乗車券で売るということもあり得ます。鉄道会社と旅客の意思が合致すれば自由という運送契約の考え方（12-03［鉄道旅客運送制度の大原則］参照）が根底にあるからです。

現にタクシーで同じところを２周するという契約は可能です。しかし、大量の旅客を扱う鉄道でそれをやってしまうと、あまりに複雑になるので、契約区間を一定の範囲に収めないといけません。そこで、規則でもって、ある駅からある駅（目的地）までの片道経路をひと区切りとして運賃をいただく、という片道経路を基本形態としておいているのです。

往復乗車券

つぎに、片道だけではなく、戻るときの乗車券もあらかじめ購入しておきたいという需要があるでしょう。まとめて買ってもらった方が鉄道会社側の事務経費が節約できるという利点もあります。このようにお互いの便宜から往復乗車券が設けられています。しかし、ICカードが普及した現在では、逆にリスクでもあります。かえり券をなくしたり、有効期間内に乗れなかった場合は、無効になってしまうからです。

ICカードならタッチするだけで手間もかからないし、むしろ有効期間が定められた往復乗車券より好まれます。そのため、往復乗車券の需要が減っています。

しかし、いまでも地方の駅では、大き

太線が山万ユーカリが丘線

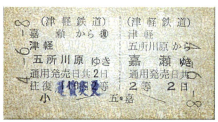

津軽鉄道の往復乗車券

第2章 普通乗車券のしくみ

なイベントで往復乗車券が売られるときがあります。たとえば三重県熊野市の花火大会です。このエリアはICカードにも対応していないし、機械（車内補充券発行機など）で発券していたら大量の客をさばくことができないので、紙の往復乗車券がいまでも活躍しています。

連続乗車券

そうなると不思議な存在といえるのが、連続乗車券です。連続乗車券とは、簡単にいうと片道乗車券が2枚セットになった乗車券で、経路がぶつかる場合（一周形式は除く）や行きと帰りのルートが違っていて往復で売れないような場合に発行されるものです。理由は同じように旅客と鉄道会社の便宜ですが、もう少し込み入っているので、詳細は後述します（2-03［連続乗車券］参照）。

バリエーションは様々なのですが、一例として岸辺→新大阪→名古屋の事例を掲げておきます。岸辺～新大阪間の経路

が重なっているから片道では売れなかったのです。これは国鉄時代の常備券なので、この区間を利用する方が多かったことが想像できます。

なお、運送契約上は、片道乗車券で一契約、往復乗車券二枚セットで一契約、連続乗車券二枚セットで一契約のきっぷととらえます。だから乗車券類変更の際は片道⇔往復⇔連続で関係なく変更できるわけです。規則の背景にはこのような考え方が隠れています。

岸辺→新大阪→名古屋の連続乗車券。国鉄時代の常備券

紙の往復乗車券が活躍する紀勢本線熊野市エリア

2-02 往復乗車券

有効期間は片道の2倍

　往復にすると、有効期間が片道の2倍になるので（旅規154条1項1号ロ）、途中下車するのに日数が足りないなどといったときに活用できます。たとえば、東京～大阪間を往復する際に名古屋で4泊したい場合です。片道だと有効期間が4日間なので、名古屋で無効になってしまいます。しかし、往復で購入すれば8日間になるので、名古屋で最高7泊可能となります。

往復割引

　現在、JRを片道で600キロを超える区間について、往復で乗車する場合は1割引となります（旅規32条、旅規94条）。この制度の嚆矢は1874（明治7）年（認可された年）とみてよいのではないでしょうか。大阪～神戸間の船舶に対抗して、一部の区間に限ってはいますが、往復割引乗車券（正確には「往復切手」という名称）が登場しています。割引ではない通常の普通往復乗車券が1887（明治20）年の登場ですから、意外です。

　現在の形の往復割引制度は1960（昭和35）年から始まっており、当時は片道1000キロを超える利用で1割引、有効期間が1か月に満たない場合は1か月に引き上げられるというおまけつきでした（旅規旧31条の2、旧154条1項1号ロ）。このときは、遠距離逓減制の見直しもなされたので、長距離移動の割高感を減殺するためのバーターとして設定されています。

　写真は当時の乗車券です。室蘭から東京までの往復で、1割引である「復割」と「1箇月間有効」の表記があります。復割の表記は、変更などの際に割引分が取消しになるので、これを識別するために入れられています。マルス券でも「復割」と入ります。

往復割引乗車券の応用

　片道601キロに少しだけ足りない場合に、この制度の応用としてよく語られる

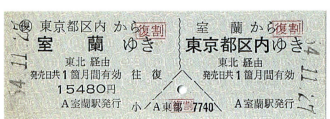

1979（昭和54）年発行の東京都区内～室蘭間の往復乗車券

第2章　普通乗車券のしくみ

往復割引乗車券の応用の例

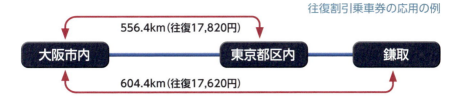

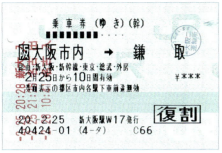

往復割引を適用した乗車券の例

買い方があります。たとえば、大阪市内から東京都区内までだと、556.4キロで割引が効かないので、その先まで購入する方法です。発駅より先（内方）からの乗車はできるので、帰りは東京から乗車することも可能です。

写真は往復割引を適用した乗車券の例です。大阪から東京に往復する際に、千葉県の鎌取まで購入しています。

ちなみにこの乗車券は東京の山手線や赤羽などで途中下車しながら移動もできます（1-07［都心を通過する場合の運賃計算（70条区間）］参照）。

しかし、往復割引乗車券もよいことばかりではありません。ゆき券を使用して、かえり券を変更する場合は、使用開始後なので、乗車券類変更ができません。乗越などと同様の区間変更となりますし、

割引分も取消しとなります。かえり券の発駅が変わるなどで、区間変更ができない場合は、手数料を支払って払いもどすことになります。

新下関〜博多間の特例

山陽新幹線の新下関〜博多間で新幹線と在来線（山陽本線・鹿児島本線）を交互に利用する場合も別線ですが、往復乗車券を購入することができます。JR九州が運賃を値上げした際に同一線路と見る規定がなくなり、原則として別線路扱いになったのですが、往復乗車券を購入する際は同一線路とみる規定があるからです（旅規16条の3、旅規16条1項）。

このように経由は違いますが、往復割引となっています。

新下関〜博多間の特例を利用した往復乗車券

037

2-03
連続乗車券

連続乗車券が存在する意味

普通乗車券には、よく知られている片道や往復のほか、連続というものがあります。

旅規26条による連続乗車券の要件をまとめると、片道乗車券も往復乗車券も発売できない「連続した区間（当該区間が2区間のものに限る。）をそれぞれ1回乗車（以下「連続乗車」という）する場合に発売する」となります。

代表的なパターンを見てみます。

写真は、一見、東京都区内と大阪市内を往復するだけの乗車券に見えますが、連続1は北陸新幹線経由、連続2は東海道新幹線経由です。この経路のうち山科〜大阪市内間は同一線路になっており片道ではつくれません。また経路すべてが同一ではないので、往復でもつくれません（例外は旅規16条の3参照）。こういった場合に連続乗車券が発行されるのです。

そのほかのパターンとしては、下の図の通りです。パターン①が、湯河原から熱海に行って、新幹線で東京に向かう場

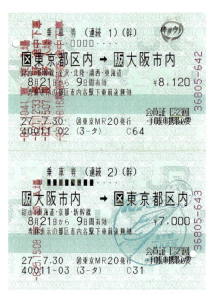

東京都区内と大阪市内を往復する連続乗車券

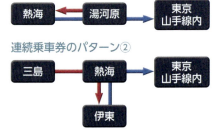

①が湯河原から熱海に行って、新幹線で東京に向かう例。②が三島から新幹線で東京に向かう際に、熱海〜伊東間を往復乗車する例

東京都区内と大阪市内を往復する連続乗車券の模式図

合です。東海道新幹線と東海道本線は同一とみますので、湯河原〜熱海間が復乗になります。パターン②は、熱海〜伊東間が復乗になっています。

さて、ＪＲの乗車券はその駅から有効な乗車券を発行するのが原則です（旅規20条）。推測ですが、このように発売する乗車券が限定されている不便さを補うものとして登場したのが連続乗車券だといえます。そうしないと、都度、購入することになってしまい旅客に手間がかかるからです。

なお、連続乗車券は、往復乗車券同様に2枚を1セットで考えるので、変更の際に片道乗車券1枚への変更が可能であるし、払いもどし手数料も1枚分で済み、学生割引などの際に必要とする証明書が1枚で済むというメリットがあります。

連続乗車券の歴史

連続乗車券という名称は1958（昭和33）年に設定されていますが、それ以前から「回遊乗車券」という名称でほぼ同様の役割をする乗車券が存在していました。

昭和初期の旅規の解説書によく登場する事例があります。東京から出発し、日光と仙台で遊んで東京に戻ってくる経路です。この場合、東京→日光・日光→仙台・仙台→東京と3枚に分けて発行する回遊乗車券を発行するようになっています（その当時に都区内制度はありません）。

乗車券も1930（昭和5）年時点では4券片（枚）まで対応するようにできており、さらに多くなるときは別の乗車券を続きで使用するので、際限なく連続乗車券を発売できたわけです。その後、3券片制限を経て、現在の2券片に落ち着いています。

山登りに最適な逆使用

登山部に属していた方が興味深いことを話していました。学割証を節約するために連続乗車券の1枚目と2枚目を逆に使用することが、部内で慣例化していたとのことです。

たとえば、名古屋から富士山へ登る際に、御殿場ルートから入って吉田ルートに抜ける場合です。通常は、名古屋市内→御殿場、大月→名古屋市内の片道乗車券をそれぞれ購入して旅行すると思います。しかし、これでは学割証が2枚必要です。そこで1枚目と2枚目を逆に使用するという方法が活用されるのです。

昭和初期に多かった事例の、東京から日光と仙台へ行き東京に戻ってくる経路

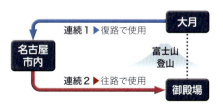

連続乗車券の1枚目と2枚目を逆に使用する例

2-04

連絡乗車券

連絡乗車券とは

　JRの会社間は除いて、違う会社の路線をまとめて1枚で発売する乗車券を連絡乗車券といいます。最近はICカードが主流なので、直通特急などがないとあまり見ないでしょう。

　有名なのは、特急〔踊り子〕（JR・伊豆急行・伊豆箱根鉄道）です。もともとは接続駅で乗車券を買いなおす手間を軽減するという旅客側への配慮と、接続駅の窓口の混雑を防止するためという鉄道会社側の都合が合致して生まれた制度です。連絡会社分の運賃は最初に受領した鉄道会社が、連絡会社に支払います。

連絡乗車券の実例

　写真が実例です（北陸新幹線の敦賀延伸前）。

　金沢までがJR、倶利伽羅までがIRいしかわ鉄道、高岡まではあいの風とやま鉄道、最後がJRです。ICカードだと、高岡までしか使えませんので、こういった乗車券の方が便利です。また、JR区間が通算されるので、経済的というメリットもあります。さらに途中下車ができない民鉄でも途中下車ができるという隠れたメリットもあります（9-03［JR・民鉄連絡乗車券の途中下車］を参照）。

　つぎは昭和の乗車券です（いまは買えません）。

　徳島県にある牟岐線の牟岐から南海フェリーと南海電鉄を経由して東京まで向かう普通片道乗車券です。運送機関ごとだと4回に分けないといけないのですが、1枚を通しで買えるという非常に便利なものでした。特にフェリーからは多数の旅客が下りてきますから、和歌山港駅の混雑した窓口を避けることができたのです。

　しかし、長年続いたこの制度も近年の

北陸新幹線の敦賀延伸前の大阪市内→氷見間の連絡乗車券

北陸新幹線の敦賀延伸前の大阪市内→氷見間の鉄道会社模式図

第2章　普通乗車券のしくみ

昭和時代の牟岐→東京都区内間の鉄道会社模式図

昭和時代の牟岐→東京都区内間の連絡乗車券

ICカードの普及で大幅に縮小されてきました。ICカードで簡単に改札を通過できるので、上記のメリットより連絡乗車券を維持するコストや会社間の精算手間が目立ってきたからです。

適用される規則

ここで少し旅規の話をしますと、JRと民鉄の連絡運輸になった場合、旅規ではなく、旅客連絡運輸規則という別の規定が用いられます（もちろん多くの旅規を準用します）。また、あらゆる区間で発売できるのではなく、この規則に基づいた別表があるので、その中で厳格に定められています。

写真は、実際の規定集です。この別表の中で、発売可能区間や経由、券種（片道・往復・連続・定期・団体など）が厳密に定められています。

それでは最高でどこまで一連発売できたのでしょうか。鉄道全盛期だった昭和初期の記録（「連帯運輸規則」）までさかのぼってみたら、4社連絡（鉄道省・豊川鉄道・鳳来寺鉄道・田口鉄道）が最多でした。現在のJRでは、運用上、原則2社、地域的な事情で3社連絡までとしています。3社連絡としては、IRいしかわ鉄道とあいの風とやま鉄道などの実需要が高い区間に限っています。

なお、浅草から会津若松にかけて、発売駅は限定されていますが、4社連絡乗車券が存在します。東武鉄道・野岩鉄道・会津鉄道・JRの4社です。これは昔からあったわけではなく、現在の需要に合わせて設定されているかなり特異な例です。

実際の『連絡運輸関係規則』(左)と『旅客連絡運輸規則別表・旅客連絡運輸取扱基準規程別表』(右)

1930（昭和5）年に鉄道省が発行した『連帯運輸規則』などの規定集

2-05
最長片道きっぷ

最長片道乗車券

通常、鉄道旅行で目的地を目指す場合は、できるだけ早く、できるだけ快適に移動することを主眼にルートを決めますが、逆の発想をする方が一定数います。わざと遠回りをするのです。さらに、日本でいちばん遠回りをしてみようという趣向の旅が、一部のファンの間で流行っています。いちばん古い記録は、連合（日本労働組合総連合会）の会長を務めたこともある故・鷲尾悦也氏らが学生時代に所属していた東京大学の旅行研究会の記録（「最長切符旅行」『世界の旅 第10（日本の発見）』中央公論社、1962 [昭和37] 年）です。

この最長片道きっぷですが、旅規の代表的な特徴三つをフルで活用したものです。①経路がぶつからない限り片道乗車券1枚で購入可能なこと。②有効期間も距離に応じて増やせること（最長片道乗車券でおおむね56日）。③途中下車制度の存在。これによって何回かにわけて旅ができるわけです。

最長往復乗車券

最長片道乗車券があれば、最長往復乗車券もあります。実行されている方も何人かいるようですが、往復乗車

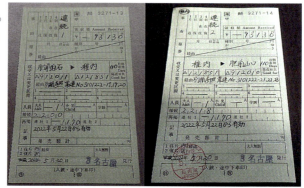

筆者が購入した最長連続乗車券。
2枚の乗車券のうち「連続2」だけを使用

最長連続乗車券の「連続2」に押された途中下車印

第2章 普通乗車券のしくみ

券特有の事情で敬遠されている向きもあります。600キロ超で往復割引の1割引になるとはいっても、かなりの高額ですし、実行するには旅行期間も2倍になってしまいます。

最長連続乗車券

さらに、最長連続乗車券も存在します。この乗車券を購入したのはわたくし自身です。もともと最長片道乗車券で旅をしようと思っていたところ、仕事との関係で有効期間が足りないことに気づき、思い切って最長連続乗車券にして、最高額の乗車券を購入したのです。往復乗車券と同様に2枚の乗車券の有効期間が合算された期間になるので、余裕をもって旅ができました。

2枚のうち、「連続2」だけを使って旅をしました。もう乗車券なのか怪しい様相です。

左写真は経由が書かれた別紙です。乗車券の経由欄に書ききれないので、業務連絡書が用いられています。

最長連続乗車券の経由が書かれた別紙。業務連絡書として3枚制作されている

043

国際連絡乗車券

国際連絡乗車券として思い出されるのはＪＲ線からフェリー、韓国の鉄道がセットになっていた「日韓共同きっぷ」です。ソウルオリンピックが契機となった渡航客の急増に対応して、1988（昭和63）年から発売されたものです。その後、航空機のLCCが充実したこともあり、ほとんど売り上げ実績がなくなり、2015（平成27）年に廃止されました。戦前は東京からベルリンまでの国際連絡乗車券などもありましたが、戦後の日本で発売されていたのはこれしかないと思います。

このように、表紙のつぎにＪＲ新幹線用、フェリー用、韓国鉄道用の乗車券がそれぞれついていて、クーポン券の形式になっていました。これらを1枚ずつ提出して乗って行くわけです。

この乗車券を実際に購入して旅をしたのはわたくし自身です。窓口で尋ねたところ、2005（平成17）年の時点でほとんど発売実績がないとのことでした。値段は2万3620円です。購入時期によっては航空券の方が明らかに安いので、もはや好事家向けの乗車券でした。

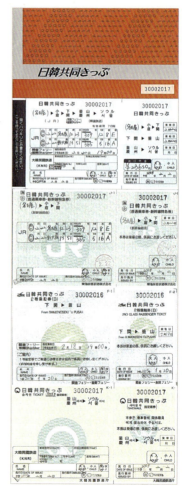

筆者が2005年に利用した際の「日韓共同きっぷ」

第3章

料金券のしくみ

山口線〔SLやまぐち号〕の硬券指定席券

3-01 特急券のしくみ

特急券の歴史

特急券は、正式には「特別急行券」といい急行券の仲間です。旅規上も、急行券のカテゴリの中に特急券が入っています。現在、定期の急行列車はないので、このことは知らない方も多いかもしれません。最近はなくなりましたが、ＪＲになってしばらくは「特別急行」と表現する案内放送をよく聞きました。

少しだけ歴史を振り返ってみます。最初の急行列車は1882（明治15）年に新橋～横浜間に登場していますが、急行料金を必要としていません。急行料金を必要としたのは、1906（明治39）年の新橋～神戸間の急行です。特急料金は1912（明治45）年の新橋～下関間の特別急行列車が最初となります。

まず、急行券は早く行きたいひとのオプション料金に相当するきっぷになります。旅客運送契約でいうと、運賃が基本的な運送契約であるのに対して、急行料金は、付随した速達に対する付加的な契約です。普通郵便料金に加算する速達料金と位置づけは同じです。

つぎに押さえておくところは、特急券は早く行くためという意味では急行券と同じなのですが、座席が指定されているというのが制度的にデフォルトという点です。自由席は例外にあたります。そのため、自由席の場合は「自由席特急券」とわざわざ表記しているのです。もっとも、最近は自由席が減ってきていますので、全体的には先祖返りの感があります。

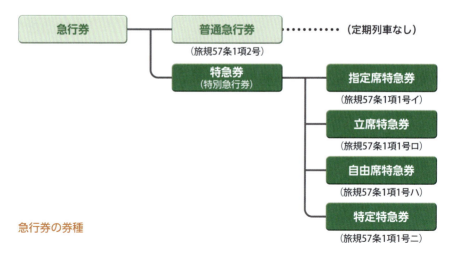

急行券の券種

第3章　料金券のしくみ

特急料金の体系

		指定席				自由席・立席
		最繁忙期	繁忙期	通常期	閑散期	
A特急料金	東日本・東海・西日本・四国	●	●	●	●	●
	北海道			●		●
B特急料金	東日本・東海	●	●	●※	●	●
	九州	●	●	●		●

※一部列車に事前料金と車内料金の区別あり。

在来線の特急料金

　運賃並みに複雑になっているのが現状ですが、もともとは距離ごとのひとつの表でした。運賃と同じように全国一律のユニバーサルサービスの考え方です。しかし、収益率に応じた料金体系や競合路線との競争、地元利用者への配慮などから亜種の制度が増えてきました。その後、繁忙期・通常期・閑散期といったシーズン別の金額差となったところで国鉄の民営化を迎えています。

　民営化後はJR各社ごとにより細分化され、最繁忙期料金が加わり、事前料金と車内料金に分かれるなど、さらに複雑化しています。

　以上を振り返ると、大きな考え方として、A特急料金とB特急料金に分けるのが基本です。Aが本家で、Bが分家、さらに亜種の特定特急料金に分かれます。Aは伝統的な特急料金、Bはもともと急行が多かった区間への激変緩和策として1982（昭和57）年に導入されたもので

す。特定特急料金は地元の短距離利用者や競合路線との関係から設けられた優遇料金です。

　なお、山形新幹線と秋田新幹線は、制度上、在来線扱いなので、旅規には新幹線以外の線区として書かれています（旅規125条1項1号ロ（イ）ⅰ参照）。

新幹線の特急料金

　新幹線に関しては認可の関係上、路線ごとにバラバラなので、『JR時刻表』の表をそのまま理解するのが便利です。関連規定は、旅規125条1項1号イの「新幹線」です。

　特徴を覚えておくとすれば、最繁忙期から閑散期まで4種の料金形態があることと、特定特急券という割安な料金設定があることです。隣の駅間など自由席に乗車することを前提として地元客の需要に応えられるような金額設定になっています。

3-02

いまはなき乗継割引制度

廃止となった乗継割引制度

2024（令和6）年3月15日を最後に乗継割引制度は廃止されました。この制度は、簡単にいうと、新幹線と在来線の特急を乗り継ぐとき、新幹線ではない方の特急券が半額になるということです（旅規旧57条の2、旧126条の2）。もちろん急行も可能でしたが、急行の定期列車はすでにありませんでした。

乗車券にも「乗継」と明記されて、当該券片だけを呈示することでは払いもどしができませんでした（旅規旧272条2項）。

乗継割引制度の歴史

起源は1961（昭和36）年の結合特急料金制度です。青函連絡船を挟んで本州の特急と北海道の特急列車を1本とみなして、2枚をバラで買うより少し安く発売していました。

その後、1965（昭和40）年から新幹線に旅客を誘導するための策として現在の制度が開始され、翌年には本州と北海道、四国間の乗継制度も開始されました。大まかには、直通列車の減少に伴う対応策と、連絡船によって分断された場合に特急料金が高額にならないようにするための配慮です。連絡船廃止後も寝台特急〔瀬戸〕東京～高松間）と後継の〔サンライズ瀬戸〕は新幹線の代替と考えて、その先のJR四国方面の特急が割引になったものの、2023（令和5）年3月に適用対象外となりました。それまでは、〔サンライズ瀬戸〕とJR四国の特急のダブル割という利用方法が知られていました。たとえば新横浜から松山に行く際に、新横浜～熱海間を新幹線に乗っていき、熱海から〔サンライズ瀬戸〕に乗ると、〔サンライズ瀬戸〕の特急券が半額になります。さらに、高松や坂出でJR四国の特急に乗り換えたら、そちらも半額になるというものです。このような国鉄由来の制度もサービスが過剰ということで廃止となってしまい、時代の流れを感じるところです。

乗継割引制度による特急券

048

立席特急券

昼間に寝台を利用したヒルネ

最初の立席特急券は1965（昭和40）年の「立席承知特急券」です。読み方は「リッセキ」という説もありますが、現場では「たちせき」で統一されています。

その後は、寝台特急を日中に利用する方に向けたきっぷとして利用されています（通称「ヒルネ」）。

1982（昭和57）年発行の硬券の立席特急券

全車指定席の列車に乗るための特急券

現在は全車指定席の列車に乗るための特急券を一般的に「立席特急券」と言います。制度上は、旅規57条1項1号ロに寝台列車の事例と一緒に規定されていますが、「ヒルネ」適用列車は存在しませんので、事実上、日中の全車指定の特急列車用になっています。

全車指定席の列車は指定券を所持していないと乗れないのですが、それだと本数が少ない区間では乗れない方が出てくるので、満席の場合に限って売り出すきっぷです。金額は自由席特急券や特定特急券と同じです。現在は、〔はやぶさ〕〔こまち〕〔はやて〕〔つばさ〕〔かがやき〕で出されることが多く、在来線特急でもときどき見かけます。

満席時に発行された特急〔やくも〕の立席特急券

立席の特定特急券

満席でなくても発売される立席特急券もどきです。厳密には特定特急券のカテゴリに入ります。現在、東北新幹線の盛岡～新青森間と北海道新幹線の新青森～新函館北斗間、山形新幹線、そして秋田新幹線は全車指定席ですが、地元の方の利用に配慮して安価な立席の特定特急券が設定されています（旅規57条1項1号ニ）。

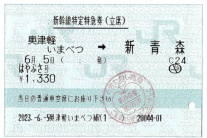

「当日の普通車空席にお座り下さい」の表示がある新幹線特定特急券（立席）

3-04 グリーン券（特別車両券）の しくみ

グリーン車は等級制の名残

現在のグリーン車の登場は1969（昭和44）年です。それ以前は明治の鉄道開通以来、等級制となっており、オプション料金ではなく、車両のグレード別に「運賃」を設けていました（当初は上・中・下等の名称）。現在、特急のグリーン車に乗る場合は、①乗車券、②特急券、③グリーン券の組合せが必要ですが、①と③が一緒になっていたイメージです。

しばらく前に、JR九州の高級クルーズ列車〔ななつ星in九州〕の車両形式（側面などに記載される）で「イ」を採用したことが話題となりました。これが昔の1等車に相当するためです。イが1等車、ロが2等車、ハが3等車です。このうち初期の中等、その後、2等相当が現在のグリーン車になるため、グリーン車の車両側面には「サロ」（サは動力や運転台なしの付随車を意味する）などと書かれているわけです。

写真は桜木町から逗子までの1等の普通片道乗車券で、桜木町～横浜間2等と

「桜木町～横浜間2等」と特記事項を表示した、桜木町～逗子間の1等普通片道乗車券

特記事項があります。このように等級が併存している場合は、最上級の乗車券で下級区間だけ特記するような形でした（旧細則26条）。現在だと、桜木町から逗子までの普通片道乗車券を購入し、横浜まではグリーン券を購入するようなイメージです。これを大卒初任給をベースに現在の金額に換算すると、乗車券490円、グリーン券780円で1270円となりますから、現在のグリーン車が2等相当であることが想像できると思います。

グリーン券は立席でも必要

お盆や年末年始の時期に、なぜ新幹線のグリーン車にグリーン券なしで立ち入ってはいけないのかといった話題がネッ

グリーン車の変遷

1872（明治5）年～	1960（昭和35）年～	1969（昭和44）年～
上等　後に1等	1等	ー
中等　後に2等		グリーン車
下等　後に3等	2等	普通車

第3章　料金券のしくみ

平日用の普通列車グリーン券

トでよく上がりますが、特別車両であるがゆえに、立ち入ること自体を不可としているからです。それは旅規にも明記されています。旅規13条2項では、「列車の特別の施設を使用する場合は……その乗車に有効な乗車券類を購入し、これを所持しなければならない」として、「特別車両に乗車するときは、特別車両券」を必要とする旨を挙げています。きっぷの名称は「グリーン券」ですが、旅規上の名称は「特別車両券」です。当該規定はわかりにくいですが、指定席が「列車の座席を使用するとき」であるのに対し、特別車両の場合は「乗車するとき」とあります。座席に座らなくても、当該車両に乗車するのであればグリーン券が必要なのです。

乗り継げるグリーン券

原則としてグリーン券は券面に指定された列車や座席に限って有効ですが（旅規175条）、首都圏エリアの普通列車のグリーン券（IC利用とも）は一部の駅と区間を除いて乗継ぎが自由にできる制度となっています（旅規58条4項）。その

首都圏エリアとは、沼津・前橋・黒磯・高萩・成田空港・成東・上総一ノ宮などで囲まれた区間で、多数の列車にグリーン車が連結されています。これによって一定金額で長距離でも快適に移動が可能です。

この規定は国鉄時代から姿を変えながらも現存まで続いている歴史のある制度です。

国鉄時代とJRになってから途中までは、東京などの主要駅で乗り継ぐ場合、東海道本線の列車相互間と横須賀線の列車相互間は両列車を同一列車とみなしてグリーン券の取扱いをすることになっていました（国鉄・旧首都圏本部旅客営業取扱基準規程85条・JR東日本・旧旅客営業取扱細則44条）。

この規定を使うと、名古屋から夜行列車のグリーン車に乗っていき、東京で総武本線の列車に乗り換えてグリーン車で快適に移動できたわけです。

かつては、東海道本線名古屋から成田線空港第2ビルまで、列車を乗り継いでグリーン車を利用することが可能であった

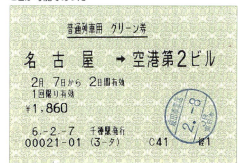

051

3-05 寝台券のしくみ

寝台券の種類

現在、寝台列車と言えば、〔サンライズ瀬戸・出雲〕の個室寝台を意味しますが、ブルートレインと呼ばれた寝台列車が走っていたころは解放式が主流でした。しかも最大で3段まであり、最上段は押し入れの天袋かと思うぐらい狭かったです（最低で高さ68センチでした）。

写真は東京〜大阪間を走っていた急行〔銀河〕のB寝台2段式です。ブルートレイン末期の標準的な寝台です。

寝台券のしくみですが、国鉄時代から一貫して、A寝台とB寝台の2クラスがベースとなって、それぞれ開放型と個室型が存在しました。現在は個室のみです。さらに個室のタイプが数種類あるのと、2名用があるという違いになります。

右頁に、国鉄時代からの寝台の種類を一覧にしてみます。●が実在する形態ですが、随分と寂しくなったものです。

東京〜大阪間を走っていた急行〔銀河〕のB寝台2段式

添い寝の特例

寝台は1名での利用が原則ですが、旅規181条で例外が認められています。大人か小児（寝台をひとりで使用する幼児や乳児は小児とみなす）が添い寝をするときは、2名使用が認められます。次のいずれかということです。

・（大人1名）＋（小児、幼児または乳児）1名＝計2名
・（小児1名）＋（小児、幼児または乳児）1名＝計2名

小児、幼児、乳児の違いは1-04〔大人・小児・幼児・乳児の違い〕を参照ください。

事故・災害・故障

事故や災害、あるいは故障などで寝台が利用できなくなったときです。まず、

第3章　料金券のしくみ

国鉄時代からの寝台の種類一覧（●が現行の設備）

A寝台	個室	1名	ロイヤル	
			シングルデラックス	●
		2名	カシオペアスイート	
			カシオペアデラックス	
			ツインデラックス	
			カシオペアツイン	
	二段式	1名	上段	
			下段	
B寝台	個室	1名	ソロ	●
			シングル	●
			シングルツイン	●
		2名	デュエット	
			ツイン	
			サンライズツイン	●
		4名	Bコンパートメント	
	客車	二段式	1名	上段
				下段
		三段式		上段
				中段
				下段
	電車	三段式		上段
				中段
				下段

車両故障で乗れない場合や寝台の故障で代替寝台もない場合は無手数料で払いもどしとなります（282条3号イ）。また、使用開始後6時までの間に一部区間で使用できなくなった場合も、全額無手数料払いもどしとなります（282条の2第4号）。〔サンライズ瀬戸・出雲〕でいうと、下りで姫路まで、上りで熱海までです。

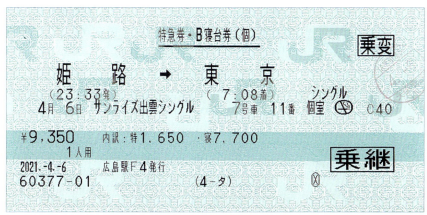

シングル個室の表示がある寝台特急〔サンライズ出雲〕の特急券・B寝台券

053

コラム column

1時間59分30秒の遅れで払いもどし？

　急行券（特急券含む）は2時間以上の遅延で払いもどしとなります。しかし、表題のように30秒足りないにもかかわらず、払いもどしになったと思われる事例があります。2020（令和2）年12月30日付の神奈川新聞の記事（〔のぞみ〕120分到着遅れ、なのに払いもどし拒否 JR東海」）です。

　この記事では、ホームページ上の遅延時分の表示が120分になっていたのに、新横浜駅が払いもどしを拒否したというものです。記事に書かれている理由を読むと、「駅係員は遅延した時間が表示されるホームページの確認を怠り、駅ホームにいた別の駅係員に口頭確認して遅延が119分30秒と誤認した」とあります。ここからは推測ですが、実際の列車の遅れは119分30秒だったのではないでしょうか。記事では誤認と書かれているのですが、内部的にはこの遅延時分で伝達されたのだと考えて、30秒足りなかったという前提で話をすすめます。

　会社によって単位は違いますが、鉄道は秒で遅延時分の管理をしています（基準は車輪の停止）。30秒足りなければ、規則上、払いもどしの対象にはならないように見えます。この記事の改札駅員は、正確な遅延時分を確認するため、ホーム上で運転関係の責任を負っている駅員に連絡をとって、30秒足りないから払いもどし不可という結論を出したのだと思います。

　しかし、JR東海の発表では、ホームページの表示を前提にし、2時間遅れとして払い戻す措置に訂正しています。カギは、ホームページでの遅延時分の公表です。この情報と同じものは、出札や改札にもディスプレイがあって、乗客も駅員も確認することが容易にできるようになっています。ということは、JR内部（運転関係）では秒単位で遅延時分を管理するものの、旅客との関係では1分単位を基準にしているということです。

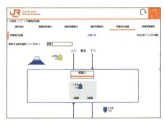

列車走行位置を示すJR東海のホームページ

第4章

入場券のしくみ

福塩線駅家駅の硬券入場券

4-01

入場券の歴史とルール

1 2 3 4 5 6 7 8 9 10 20 30

入場券登場の背景

　もともと駅の入場券は、送迎目的で構内に立ち入る方への便宜として発売が開始されました（1897［明治30］年の山陽鉄道が最初とされる）。官営鉄道では、明治時代の入場券制度がないときに駅構内に無理やり立ち入った者がおり、送迎目的での入場を認める必要性を認めたのが設定された要因です。

　その立ち入りで検挙されたのは大阪控訴院（現在の大阪高等裁判所にあたる）の裁判官らです。駅員の静止にもかかわらず、控訴院長の送迎のため大阪駅構内に無断で立ち入りました。駅側が無札としての割増額を含めて運賃の支払いを求めたところ、ひとりが拒否したため警察沙汰になったのです。

　そのときの裁判官らの言い分は「考えてみたまえ。我々は司法官である。常識で判断できるはずだ」という非常識なものでした。このとき駅員として対応した、のちの清水駅長の証言が永田博編『明治の汽車』（交通日本社、1964）60頁に書かれています。

入場規制は保安目的

　その後制定された旧旅規（1921［大正10］年）134条にも、「乗降場ニ入リ

旅客ノ送迎ヲ為ス者ハ左ノ入場料金ヲ支拂ヒ普通入場券ヲ購求スヘキモノトス」とありました。これ以外は入場を制限するのが原則です。構内の治安維持が目的です。いまでは入場券を購入すれば自由に駅構内に入れますが、治安のよくない時代は、いかがわしい理由で駅に立ち入ったりする者がいたりするし、雑踏で構内が危険な場合などもあったため、入場券をもってコントロールしていたのです。

　実際に1934（昭和9）年には、京都駅で見送りの最中に77名も死亡するという雑踏に起因する事故が起きており、入場制限は必要な措置といえます。もちろん制度上は、現在でも入場券の発売制限はあり得ます（旅規6条）。

　空港と比較するとわかりやすいと思います。空港の場合は保安検査場から先は原則として搭乗券を所持していないと入れません。高度なセキュリティが求められるエリアだからこそ、関係者以外をシャットアウトするわけです（見送り用の券が発行される場合もあります）。昔の鉄道駅でも治安維持の必要性が求められたわけです。

　現在でも東南アジアを旅するとよくわかります。大きな駅には物売りからタクシードライバー、あるいは置き引きに至るまで様々な者がいて、長距離列車が着

第4章　入場券のしくみ

くと、すぐに寄ってきます。海外の鉄道の多くは車内改札中心で駅構内は自由に入れる国が多いのですが、こういった事情もあり、大きなターミナル駅では改札を設けて乗車券を所持しているかチェックされます。また入場券を発売していることもあります。これと同じような光景がかつての日本の駅でもあったのでしょう。

ちなみに、当初制定された入場料金は東京駅、上野駅、大阪駅は他駅の2倍の金額と、差をつけている時代もありました（旧旅客規則［1921年］134条）。相当な雑踏が予測されるので、2倍の額を支払っても入場したい方に向けたものと推測されます。

入場券は施設利用料

では、現行規定の入場券部分を見てみましょう。

「乗車以外の目的で乗降場に入場しようとする場合は、入場券を購入し、これを所持しなければならない」（旅規294条）とあります。旧旅規のように目的制限をしていません。実態を見たらよくわかります。駅ナカと呼ばれるターミナル駅の店舗に買い物や食事に行く方から通行証を持たない店舗への出入り業者、さらには通り抜け目的の方まで様々です。現在は足湯になっている上諏訪駅ですが、以前は入浴ができるようになっていて、利用するには入場券を必要としました。だから、目的はどうあれ改札内に入場するには、入場券の購入が必要となっているわけです。このようなところからも駅の変化がよくわかります。

右下の写真は中央本線高尾駅の窓口の表示です。この駅は南北の自由通路がないため、通り抜けのために入場券を購入する方が多いようです。定期入場券も設定されています。

合格祈願で購入されることが多い徳島線学駅の入場券

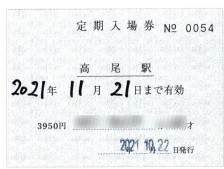

中央本線高尾駅の定期入場券

中央本線高尾駅には「通り抜け・構内施設のご利用は入場券が必要です。」の掲示がある

057

4-02
入場券の時間制限

JRの入場券の時間制限

平成初期までの入場券といえば、「発売当日1回限り有効」と券面に書かれている通り、その日に1回だけ有効というのが一般でした。

しかし、現在は様々な形態に変化しています。掲載した写真は、まだ硬券入場券を発売していた時代の入場券で、時間制限のない時代とある時代のものです。制限のある方は、券面に時刻を手書きで記入する方式でした。

つぎに、廃止されたJR北海道・静内駅（日高本線）のマルスによる入場券です。当時、災害の影響で鉄道路線は不通となっていて代行バスが運行されていま

災害の影響で鉄道路線は不通で、代行バスが運行されていた当時の日高本線静内駅の入場券

した。代行バスといえどもJRの駅でしたから改札より中に立ち入るには入場券が必要で、実際に発売されていました。

現在のJRでは、北海道、東日本、東海、西日本が2時間制限で、四国と九州は発売当日限り有効です。ただし、小倉と博多は西日本との共同使用駅なので、2時間制限を設けています。

記念入場券の時間制限

記念入場券に目を転じると、また違ったものがあります。

レイルファンに人気の「懐鉄入場券」（JR西日本）と「北の大地の入場券」（JR北海道・2024［令和6］年10月をもって終了）です。

津山駅は入場時刻から2時間制限で、静内駅は時間制限がありません。記念入場券といえども普通入場券なので、もち

「発売当日1回限り有効」と券面に書かれた、1990（平成2）年発行の飯田駅入場券

発売時刻が表示された、1994（平成6）年発行の飯田駅入場券

第4章 入場券のしくみ

入場時刻から2時間以内に時間制限されたＪＲ西日本の記念入場券、「懐鉄入場券」

時間制限のないＪＲ北海道の記念入場券、「北の大地の入場券」

ろん実使用は可能です。どちらの駅も窓口の端末や券売機で入場券は出せたので、機械で出すと発売から2時間制限なのに、記念入場券なら入場から2時間であったり、時間制限がなかったりと、ちぐはぐな感じがします。なお、津山駅の入場券の方は実際に使用する際は改札で入場時刻が記入されます。

　綾瀬駅の入場券は、2017（平成29）年に発売されたＪＲ東日本の記念入場券の一部ですが、有効時間はいつから2時間以内なのかわかりません。その後、2022（令和4）年に発売された「鉄道開業150年記念入場券」は入場時刻を記

059

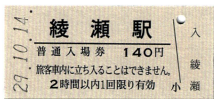

2時間超過して追加料金を支払った例（諸料金切符）

JR東日本の記念入場券の一部であった常磐線綾瀬駅の入場券。「2時間以内1回限り有効」の表示があるものの、いつから2時間なのか不明

入するようになっており、運用上も違和感のない表記に変わりました。

入場券の時間制限規定

そこで旅規294条を確認します。まず2項では、「入場券は、駅において、係員又は乗車券類発売機により発売する。この場合、入場券の使用時間を制限して発売することがある」とあります。3項では、「前項後段の規定により入場券の使用時間を制限する場合は、券面に発売時刻及び使用時間を制限する旨を表示して発売する」とあります。つまり、時間制限の有無はどちらも可能で、制限する場合のスタート時刻や制限時間も特に定められていないのです。だから、津山駅や静内駅のようにばらばらであっても許されることになります。このような制限規定は、昔からあるものではなく、JRが入場券に時間制限制を設けたときに付け加えられたものです。

なお、改札内にいる間に時間制限が来てしまったら、追加で入場料金を支払う必要があります。

民鉄の時間制限入場券

民鉄の場合、券売機や自動改札機が充実している会社は時間管理がしやすいので、時間制限を設けている傾向があります。2時間制限の阪急電鉄と1時間制限の広島高速交通の事例を掲げておきます。

「発売当日入場後1時間以内有効」の表示がある広島高速交通の入場券

「入場時刻から2時間以内に限り有効」の表示がある阪急電鉄の入場券

4-03
新幹線のホームに立ち入るには

　新幹線のホームは、在来線ホームとは乗換改札を隔てて分かれています。そうなると、それ以上は入れなさそうに見えますが、入場券を持っていたら同じ駅構内なので、制度上はさらに先に進めます。

　しかし、持っているのが普通乗車券や定期乗車券の場合はどうすればいいのでしょうか。乗換改札から先は新幹線に有効な乗車券や特急券が必要ですから迷います。その場合は、さらに入場券を購入することになります。

　もっとも、その入場券を使って在来線の改札を出られてしまうと、不正乗車の原因にもなるので、かつては乗換改札で手持ちの乗車券を預かったり、種類の違う入場券を発行したりして運用面で工夫されていました。国鉄時代の東北新幹線や上越新幹線は赤色にしてありました。

　また米原などは駅名の下線が二重になっており、ＪＲになってからもしばらくはこれで識別していました。海の表示はＪＲ東海のことで、これで新幹線の窓口で発行されたこともわかります。

赤色で印刷された国鉄仙台駅の入場券

駅名に二重の下線が敷かれた東海道新幹線米原駅の入場券

新幹線ホームとは別になっている
新花巻駅釜石線ホーム

共同使用駅の入場券

乗換改札が設置されている駅

　乗換改札を置いている駅でも入場券の設定があります。たとえば、小湊鐵道の五井駅はＪＲの五井駅構内を通った先にあり、小湊鐵道の乗換改札で入場券を購入する必要があります。ＪＲの構内は、小湊鐵道に向かって通過するだけなら無料です。これは敷地が違うことに起因し

ます。

改札が共通の駅

　たとえば、東海道本線豊橋駅の名古屋鉄道ホームはＪＲだけの入場券で立ち入ることが可能です。ＪＲの駅に名鉄が乗り入れているだけだからです。実際に名鉄の窓口では入場券を売っていません。
　同じような形態で奥羽本線・青い森鉄道青森駅があります。青い森鉄道では入場券を売っていますが、レプリカ扱いなので、実使用はできません。
　少し意外なのは米坂線・山形鉄道の今泉駅です。この駅では、ＪＲの入場券と山形鉄道の入場券の両方を発売していますが、どちらを使ってもよいという運用になっています。

小湊鐵道五井駅の入場券

青い森鉄道で発行される入場券はレプリカ扱い

山形鉄道の券売機で発売される今泉駅入場券

4-05

駅員無配置駅の入場券

1 2 3 4 5 6 7 8 9 10 20 30

施設管理権に基づく入場可否

　大前提として、入場を許可するかどうかは、鉄道会社の方針次第です。そもそも鉄道会社の敷地なので、駅構内への立ち入りは所有権あるいは管理権（占有権）を持っている鉄道会社が決めることです。これは明治時代を振り返るとわかりやすいと思います。官営鉄道の場合、1897（明治30）年より前は入場券がなく、乗車目的の旅客以外は改札口から先に立ち入れませんでした。現在の空港のようなものです（例外はあります）。しかし、送迎などの需要があったため、特別に認め、やがては駅構内の施設利用や通り抜けなど幅広い需要に対応してきたのです。

　そう考えると、入場券が発売されていない場合は、保安上の観点から乗車目的以外での立ち入りは禁止していると考えることも可能です。実際に、災害で代行バスになっている路線の駅などは立ち入り禁止とすることが多いです。他方で、入場券を発売していない場合は、無償で立ち入り可能といった判断もなされます。

入場券を発売している駅員無配置駅

　まず、入場券の発売について規定している旅規294条には1項では、「乗車以外

の目的で乗降場に入場しようとする場合は、入場券を購入し、これを所持しなければならない」とあり、2項で「入場券は、駅において、係員又は乗車券類発売機により発売する」と規定されています。規則上は、乗車券を所持していて、ついでに送迎目的があったとしても、入場券を購入する必要があります。

　では、駅員無配置駅の場合を考えてみましょう。

　まず、乗降場は旅客ホームを意味しますので、これは駅員無配置駅でも該当します。しかし、つぎの「入場券を購入し、これを所持しなければならない」という文言は困ってしまいます。駅員無配置駅のほとんどは入場券を売っていませんから、不正入場する気はなくても事実上、購入できません。この条文ができた当時はほとんどの駅が駅員配置駅で、入場券を購入せずに改札内に入るということはまれであったことがよくわかります。

　旅規299条で「入場券は、入場の際に、係員に呈示して改札を受け、かつ、普通入場券については入鋏を受けるものとする」としており、同条2項では「入場券は、その使用を終えたときは、直ちに係員に引き渡すものとする。その効力を失った場合もまた同じ」とあることからも、入場券は駅員配置駅用に存在したことが

063

よくわかります。

　これらの規定を前提にすると、無人駅であろうと、入場券を発売している駅の改札内に立ち入るのであれば、入場券を購入しないといけないし、所持しないといけないわけです。そして時間制限があれば、その時間内に改札を出ないといけないし、出るときは集札箱に入場券を投入する必要があるのです。改札の部分だけは、自動改札機がないのであれば、事実上できませんので、省略ということになります。

入場券を発売していない駅員無配置駅

　判断に困るのが、入場券を発売していない駅員無配置駅です。実際に入場券を購入する義務が果たせないので、鉄道会社側は無償で入場を許可すると考えることもできるし（黙示の承諾がある）、そもそも立ち入りを許可してないと考えることもできるわけです。後者の場合は、駅員がいないということは構内の安全管理や治安維持の責任を負えないので、立ち入り禁止にする趣旨でしょう。ここからは鉄道会社の管理権に基づく裁量の範囲なので、運用に任せるしかありません。

　ただ、現金で入場料金を払わないといけないというのは旅規の規定上は成り立ちません。もちろん旅規の内容を改定して、駅員無配置駅であっても集札箱に入場料金を入れさせるような新たな制度を設けることは可能です。

　さて、そうなると、記念入場券を売っている駅員無配置駅はどう考えるか。論理的には買う必要があります。記念入場券といっても正式な普通入場券なので、ホームに立ち入るには、規定上、購入義務があるからです。ただし、記念目的で発売しているもので、実使用は想定していないと考える余地もあります。

山陰本線の駅員無配置駅である吉富駅の入場券

吉富駅の改札口には自動改札機が設置されている

第5章

特別企画乗車券の
しくみ

国鉄時代の特別企画乗車券など

特別企画乗車券の基礎知識

特別企画乗車券の分類

「特別企画乗車券」とは、国鉄時代の「特殊割引乗車券発売規則」に基づく名称ですが、現在、この規則は廃止されているため、JR各社が特別企画乗車券と呼んでいる種類のきっぷを主たる対象として稿をすすめます。

本書の紙幅では世に出回っている大量の特別企画乗車券を紹介することは難しいので、各きっぷの紹介は他書にゆずることとします。ここでは、特別企画乗車券のしくみの解説に加えて、国鉄時代からある「青春18きっぷ」と「ジパング倶楽部」『レール＆レンタカーきっぷ」を取り上げることにしました。「青春18きっぷ」以外は制度上、特別企画乗車券ではありませんが、機能としては類似しています。

特別企画乗車券の特性ごとの分類

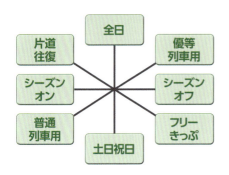

現在の形の特別企画乗車券は、歴史的にはかなり後になってからの登場です。それは大正時代から連綿と受け継がれてきた旅客営業規則とは別に定めていることからもわかります。基本的な体系は旅客営業規則に沿っているものの、多くは通達に委ねられており、旅客が知りうるのは、ホームページの案内や駅のチラシなどになってきます。

さて、特別企画乗車券を特性ごとに分類してみると、図のようになるでしょう。この視点をベースにして探し出していけば、自分の旅の目的にあったきっぷが見つかるのではないでしょうか。JRのサイトでは、おおむねこのような視点できっぷが検索できるようになっています。たとえば、「青春18きっぷ」なら、全日・フリーきっぷ・普通列車用・シーズンオン型です。

特別企画乗車券の歴史

最初の特別企画乗車券は定かではありませんが、1878（明治11）年の往復割引乗車券に求めることができます。ライバルの船に対抗して特定区間のみ3割引の往復割引乗車券を発売していたわけですから、現代の割引型の特別企画乗車券に通じるものがあります。

つぎに大きく動いたのが大正時代です。

第5章　特別企画乗車券のしくみ

1955年から登場した「普通周遊乗車券」

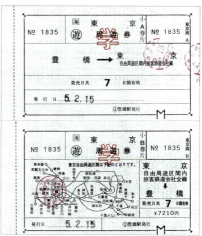

「東京ミニ周遊券」。写真は学割専用券

このときの特別企画乗車券は、特に3等（現在の普通車にあたる）の旅客をターゲットに割引したものが多く、現在の特別企画乗車券の特徴をかなり兼ね備えています。ただし、一定エリアで乗り降り自由なフリーきっぷタイプはまだ出てないようです。

その後、戦時体制に向かっていくにしたがって、輸送力の確保や旅行などの奢侈を抑制するため、各種の割引がなくなりました。

そして、戦後です。圧倒的な人気は「周遊券」です（厳密には周遊割引乗車券発売規則に基づく乗車券）。もはや歴史上の遺物でしかないのですが、1955（昭和30）年に登場した「普通周遊乗車券」に始まります。指定の周遊指定地を2か所以上めぐって、国鉄の鉄道・航路・東名高速線・名神高速線を101キロ以上利用するなどの条件をもって、関連する会社線まで割引にしてしまうという商品です。その後、経路を特定した「均一周遊券」（後の「ワイド周遊券」「ミニ周遊券」）やルートを特定した「ルート周遊券」が登場したものの、JRになっ

てだいぶ経ってから大きく制度が変更になりました。

1998（平成10）年に周遊券制度全体が整理されて、「周遊きっぷ」というものが登場しています。もっとも、これは使いづらかったこともあり、短命に終わっています。それとは別の流れで、国鉄末期ごろからフリーきっぷという名称の特別企画乗車券が多くなり、それが民鉄へも影響を与えて、現在のような多様な特別企画乗車券につながっています。

以上の動きは、旅客制度という側面か

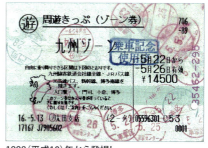

1998（平成10）年から登場し、短命に終わった「周遊きっぷ」

067

ら見て、総合オーダーメイド型から個別パッケージ型への変化といえます。どんな小さな駅であっても発駅から着駅まで、できる限り通しで売るのが旅客にも鉄道会社にも至便なのだという考えが昔はありました。しかし、現在は事務効率（特に会社間の精算手間回避）を重視してバラバラの発売となっています。特別企画乗車券も旅客の希望に応じたオーダーメイドではなく、既製商品をそれぞれ選んでもらう個別パッケージ型が主流です。旅客側も、レイルファンでない限り複雑な経路を自分で組み立てようとは思いませんし、旅行会社も行程の相談に乗っているような余裕がないのです。

特別企画乗車券の特徴

お得であるがゆえに隠れたデメリットも存在します。選ぶ際に気を付ける点だけを挙げておきます。

①購入場所と時間

最近は以前のように簡易委託駅に常備券で用意していることは、ほぼなくなりましたし、窓口も減ってきています。代わりに券売機での発売も増えていることから、購入しやすくなっていると思います。特にネットなどで事前に購入しておけばスムーズにいくでしょう。

②乗車前の変更

基本的に変更できないと思った方がいいですが、使用開始日の変更と指定券を伴っている場合の変更は可能なことがあるので、駅で尋ねた方がいいでしょう。

ネット予約を中心に逆に変更に自由さが増しているきっぷも増えています。

③払いもどし

手数料はかかりますが、有効期間内で、使用開始前であれば払いもどし可能なものがほとんどです。

④乗り遅れ

列車が指定されている場合です。普通列車に乗っていくか、特急券を購入すれば、後続の特急列車に乗れるような措置が施されていることが多いです。

⑤紛失

再発行はできないと思った方がいいです。同じものを買い直すしかないです。発見した場合は通常通り払い戻すことは可能ですが、乗車券の再収受証明のように1年などということはなく、有効期間内での払いもどしです。

⑥途中下車

フリーきっぷ型のフリー区間以外は途中下車不可というものが多いようです。

⑦事故・災害時の対応

フリーきっぷ型のものは、あきらめるしかありませんので、フリー区間の範囲で別ルートにするか、目的地の変更をするしかありません。災害が増えているいま、これが最大の欠点かもしれません。代行バスなどが出ているか、振替乗車措置がなされていれば、それに乗って進むことが可能です。

指定席型の場合は、ほかの列車への振替措置をしてくれることが多いです。

⑧乗越などの区間変更

第5章 特別企画乗車券のしくみ

特別企画乗車券で乗り越しなどの区間変更を希望する場合は、着駅や分岐駅で運賃が打ち切られる別途乗車という形になります。途中下車不可のきっぷで分岐する場合は、その分岐駅から先が無効になります。これが国鉄時代から一貫した処理です。

しかし、この慣例とは違ったきっぷがあるので、つぎの項目でまとめておきます。

指定の列車・座席しか認められないタイプ

たとえばJR九州の「九州ネット早特3」です。注意書きには、「指定した列車・座席に限り有効です。他の列車・座席に乗車する場合は、改めて特急券等を購入していただきます（自由席であっても他の列車には乗車できません）」とあります。

特別企画乗車券ではありませんが、JR東海ツアーズの募集型企画旅行商品「ぷらっとこだま」は、さらに途中乗車、途中下車ともにできないといった特徴があります。

乗り越しできないタイプ

JR東海の発行する「名古屋往復きっぷ」「豊橋往復きっぷ」「新城・本長篠往復きっぷ」の三種です。オプション券で新幹線も乗れて、お買い得なのですが、非常に特異な規定があります。券面をみてください。「乗越し時の別途精算不可」です。発駅から乗り越した駅まで普通片道運賃を取られてしまいます。ゆき券であろうと、かえり券であろうと、着駅を乗り越してしまうと、「ふりだしに戻る！」ことになるのです。原券は未使用扱いになって、払いもどし可能ですが、気を付ける必要があります。

なお、在来線往復用は、事前に購入した、区間の連続するほかの乗車券類との併用が可能としているので、あらかじめ発駅で乗り越し区間の乗車券を購入しておけば、着駅より先に乗ることが可能です。これを覚えておくだけで、このきっぷは随分と活用方法が広がります。このような買い方は、乗越ではなく、二区間の乗車券の併用です。

JR九州の「九州ネット早特3」

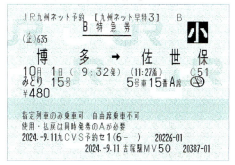

「乗越し時の別途精算不可」のタイプのひとつ、JR東海の「豊橋往復きっぷ」

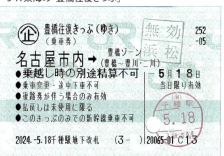

069

5-02 「青春18きっぷ」のしくみ

「青春18きっぷ」の歴史

ちまたでは「18きっぷ」といわれますので、ここでも略して表現します。歴史は古く、国鉄時代の1982（昭和57）年3月の登場です。当時は4枚セットで、最後の1枚が2日間有効となっていました。そのうえ、だれもつけているのを見たことがないという、謎のワッペンが付属していたことも知るひとぞ知るトリビアです。

このきっぷのサブタイトルに「（普通列車乗車券）」とあるように普通列車（快速含む）専用の乗車券であり、特急券や急行券を購入しても利用できないというものでした。というのも、当時赤字にあえいでいた国鉄当局がガラガラの普通列車を活用して増収策を図ろう、という意図で設けた特別企画乗車券だからです。タイトルに「青春18」とあるように、体力はあってもお金がない若者に向けてアピールしているのだと思いますが、別に利用者に制限があるわけでもありません。当時のパンフレットにも「"青春"だけど年齢制限なし！」と大きく書かれていました。その後、1996（平成8）年春から1枚に統一され、2024（令和6）年夏までは同条件でした。同年冬の発売分からは、連続3日間有効か連続5日間有効の2種類となっています。

（上）国鉄時代の1982年の登場時、「青春18 のびのびきっぷ」として発売
（下）登場時に付属していた謎のワッペン

第5章　特別企画乗車券のしくみ

「青春18きっぷ」の特徴と注意点

知名度は高いのですが、国鉄時代に比べて例外規定があまりに多くなりました。体系的な規則性があるわけではないので、歴史的な経緯に沿って整理しておきます。共通事項→ＪＲ各社別の例外事項→連絡会社の例外事項という三つのカテゴリで整理するとわかりやすいです。

このうち、少しややこしいのは連絡会社線の通過連絡です。可能なパターンは、ＪＲ在来線の「普通・快速列車」の間に連絡会社線を挟む形のみです（当日乗継が条件）。

最終列車まで有効

普通乗車券とは違って、０時を過ぎても券面の着駅まで使えるという継続乗車の制度（8-02［乗車後のトラブル］を参照）は適用されません。また2024（令和6）年夏までは、０時を過ぎて最初に停車する駅まで有効（東京と大阪の電車特定区間は最終列車まで）でしたが、同年冬から最終列車まで有効とするだけの特則になっています（終夜運転時も通常ダイヤの最終列車まで）。

本項目は2024（令和6）年冬の発売条件をもとに記述しています。

「青春18きっぷ」の特徴と注意点一覧

ＪＲ共通事項

ＪＲ全社	普通・快速	鉄道線・ＢＲＴの普通自由席はすべて乗車可。
	普通・快速の指定席	指定券購入で利用可。
	ライナー列車等	ライナー券や乗車整理券で乗車可。
	普通・快速グリーン車	自由席ならグリーン券を購入して乗車可。※指定席は利用不可。
	特急・急行列車	乗車不可（例外は下記）。

ＪＲ例外事項

北海道	特急	石勝線「新得～新夕張」間相互発着の場合に乗車可（普通車指定席の空席）。※1
		室蘭本線「東室蘭～室蘭」間相互発着の場合に乗車可（普通車指定席の空席）。※1
		「青春18きっぷ北海道新幹線オプション券」を購入することで、「新青森～木古内」間（普通）と道南いさりび鉄道線の「木古内～五稜郭」間（普通）を連続であれば、片道経路で1回利用可。木古内および五稜郭のみ途中下車可。
東日本	特急	奥羽本線「青森～新青森」間相互発着の場合に乗車可（普通車自由席）。※1
九州	特急	宮崎空港線「宮崎～宮崎空港」間で乗車可（普通車自由席）。※2
		佐世保線「早岐～佐世保」間で乗車可（普通車自由席）。※2

※1：この区間外にまたがって乗車する場合は不可（乗車券と特急券が必要になる）。
※2：この区間外にまたがって乗車する場合でも、この区間の特急券・乗車券は不要。

連絡会社関連

JR西日本宮島フェリー	乗船可
青い森鉄道	青森～八戸間・青森～野辺地間・八戸～野辺地間について、ＪＲ線（在来線の普通・快速）との通過連絡に限って利用可。通過連絡時の連絡接続駅に限り途中下車可。
あいの風とやま鉄道 ＩＲいしかわ鉄道	富山～津幡間・富山～高岡間・高岡～津幡間について、ＪＲ線（在来線の普通・快速）との通過連絡に限って利用可。通過連絡時の連絡接続駅に限り途中下車可（ただし倶利伽羅は不可）。
ハピラインふくい	越前花堂～敦賀間について、ＪＲ線（在来線の普通・快速）との通過連絡に限って利用可。通過連絡時の連絡接続駅に限り途中下車可。

5-03
「レール&レンタカーきっぷ」の しくみ

レール&レンタカーの歴史

駅レンタカーとは、1970（昭和45）年からスタートしたもので、国鉄の主要駅に設置された営業所を拠点にしたレンタカー事業のことです。国鉄の経営ではありませんが、国鉄が音頭をとって始めた事業なので、駅の敷地を使っているところが多く、改札からいちばん近いレンタカー会社といえます。このレンタカーを使ったお得なきっぷが「レール&レンタカーきっぷ」です。

周遊券がなくなった現在では、国鉄時代から続く歴史ある割引きっぷのひとつといえるでしょう。レンタカー券と一緒にJRのきっぷを購入すると、乗車券のみならず、特急券まで割引になるというたいへんお得なきっぷです。知名度は低いのですが、国鉄時代のオーダーメイド型の面影を残すきっぷとしてツウ向けの商品です。

JRになってからの特別企画乗車券といえば、いわゆるフリーきっぷ形式で、一定エリアを自由に乗りおりできる乗車券か、エリアまでの往復をセットにしたようなものがほとんどです。しかし、国鉄時代の旅行用の乗車券はオーダーメイドが主流でした。もともと普通乗車券自体も遠距離逓減制（1-03［運賃の基本構造］参照）との関係から1枚の乗車券でできるだけ長く購入する傾向があったことから、その延長といえるかもしれません。

この「レール&レンタカーきっぷ」ですが、登場したときは「レール&ドライブ」というきっぷで、国鉄路線で201キロ以上を使って、駅レンタカーを一緒に利用する場合は、どちらも2割引となるというものでした。現在でも、「トレン太くん」の看板のある営業所が全国の主要駅に残っていて、レンタカーの貸し出しをしています。もちろんレンタカーだけでも借りることはできるのですが、レール&レンタカーとしてセットにした方がお買い得なのです。

また、乗り捨てとセットでJRの乗車

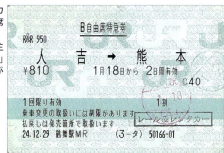

（左）「レール&レンタカー」と押印された自由席特急券
（右）現在でも全国の主要駅には「トレン太くん」の看板のある営業所が残る

券を購入すれば、レンタカーを途中の移動手段として組み込めるわけですから、効率的なルートで旅行が可能になってきます。

「レール&レンタカーきっぷ」の条件

その後、「レール&レンタカーきっぷ」となって、現在、乗車券は2割引、特急料金や急行料金は1割引となっています。このきっぷにはいくつか条件がありますので、要点だけまとめておきます。

・片道、往復、連続経路で合計201キロ以上の利用（特定の連絡会社線を通過することもできる）。
・乗り捨てする場合は、前後の片道経路分の距離を合計して201キロ以上の利用。
・最初にＪＲ線の利用が必要。
・出発駅からレンタカー利用駅まで101キロ以上必要。
・ゴールデンウィーク、お盆、年末年始前後の割引対象外の期間にかからないこと。

モデルプラン

紙幅の都合上、連続形態は省略しますが、モデルプランを掲げておきます。最後のダブル片道型が特筆に値します。

本項目は2024（令和6）年10月24日の発売条件をもとに記述しています。

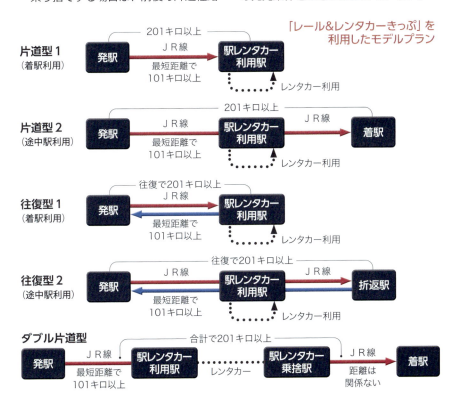

「レール&レンタカーきっぷ」を利用したモデルプラン

5-04 「ジパング倶楽部」のしくみ

「ジパング倶楽部」の歴史

国鉄時代から根強い人気で、いまでもJR各社で対応している会員制割引のひとつです。国鉄の増収政策の一環で1985（昭和60）年に始まりました。規則上の名称は「高齢者層の顧客に対する乗車券類の発売方」で、企画名称として「ジパング倶楽部」と呼ばれます。加入すると手帳がもらえ、その手帳についている購入証を提出してきっぷを購入します。この購入証は20枚なので、20回分が割引になるということです。詳しくは専用サイトをご覧いただくとして、特徴だけ押さえておきます。

もちろん名称の通り65歳以上の方限定の制度です。

最近の変更点

2024（令和6）年4月より下記の点が変更になっています。

・個人会員の入会要件の年齢が統一されました。男女とも満65歳以上となっています。
・夫婦会員の新規入会を停止しています。

メリット

年会費3840円で、新規会員の3回ま

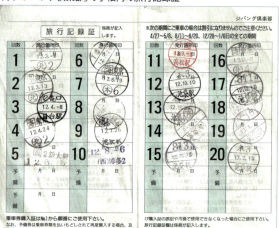

(左)「ジパング倶楽部」の手帳
(下)「ジパング倶楽部」の手帳内の旅行記録証

第5章　特別企画乗車券のしくみ

での割引が2割引、4回から29回目が3割引なので、長距離旅行をする方には相当お買い得です。しかも割引は運賃、料金ともで、片道、往復、連続まで効くので、上手な行程を組むとよいでしょう。継続会員となれば、1～20回が3割引となります。

デメリット

・新幹線の〔のぞみ〕と〔みずほ〕には使用できません。通しの特急券の一部にこれらが含まれている場合も適用になりません。とはいうものの、乗車券には利用できるので、正規料金の特急券を購入すれば乗車できます。

・繁忙期の一部の期間（ゴールデンウィーク、お盆、年末年始）などは利用できません。帰省シーズンには使えないわけです。

工夫した利用方法

・ひと筆書きの片道ルートにする。

　JRの乗車券は経路がぶつからない限りどこまでも延ばすことが可能なので（2-05［最長片道きっぷ］を参照）、できるだけJR線を経由することで割引を効かせられます。また、民鉄を間に挟むことが可能なパターンもあるので、活用できます（2-04［連絡乗車券］参照）。特急〔南紀〕で名古屋から新宮に行く際に、伊勢鉄道を経由するような場合です。ただし、民鉄区間は割引にはなりません。前後のJR線を通算して片道にできると

いうことです。

・往復割引と併用する。

　往復割引（2-02［往復乗車券］を参照）と併用すると、さらに割引が効きます。JR線で往復600キロ超の利用が必要です。

・連続乗車券で購入する。

　できるだけ連続形態にすれば1枚の割引証で片道2枚分の割引が可能です。JR線の間が空いてしまう場合は、連続乗車券の逆使用を活用することで可能です（2-03［連続乗車券］を参照）。

　本項目は2024（令和6）年10月24日現在の発売条件をもとに記述しています。

ジパング割引のゴム印が押された乗車券

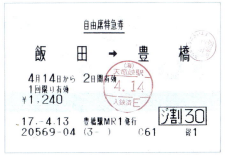

「ジパング倶楽部」を利用して購入した自由席特急券。「ジ割30」の表示が付く

075

コラム column

多彩なJR会員割引制度

「ジパング倶楽部」とは別に、JR各社が独自に会員割引制度を設けています。着目したいのが、自分の住んでいるエリアの会社ではなく、意外と他社の会員でも活用方法が広がる点です。きっぷの受け取り駅が当該会社以外でも可能な場合が多いので、一考に値します。

共通するのが50代以上を対象としている点です。残念ながら40代以下は全く対象外であることが目立ちます。仕事に使われる可能性や余暇時間や預貯金の関係からターゲットとされるのが50代以上なのでしょう。

JR各社の独自の会員割引制度一覧

	JR北海道・JR東日本	JR東海	JR西日本	JR四国	JR九州
	大人の休日倶楽部	50＋(フィフティ・プラス)	おとなび	四国エンジョイクラブ	ハロー！自由時間クラブ
年齢	ジパング会員は65歳以上 ミドル会員は50歳～64歳	50歳以上	50歳以上	2024(令和6)年3月で募集停止	60歳以上
会費	ジパング会員は4364円 ミドル会員は2624円	無料(ただしエクスプレス・カードへの入会が必要)	無料		無料
発売可能エリア	全国(JR東日本・JR北海道エリア以外はジパング倶楽部の基準)	パック旅行	各種特別企画乗車券		各種特別企画乗車券
利用条件	JR東日本・JR北海道の片道・往復・連続で201km以上利用し、かつ「大人の休日倶楽部カード」で決済した場合(これ以外はジパング倶楽部の基準)	ツアーごとの個別条件	きっぷごとの個別条件		きっぷごとの個別条件
割引率	【JR東日本・JR北海道エリア(BRT含む)】大人の休日倶楽部ビュー・スイカカードで決済した場合に30%割引(ミドル会員は5%割引)【全国】ジパング倶楽部の基準	ツアーごとの個別条件	きっぷごとの個別条件		きっぷごとの個別条件
制限期間	繁忙期は利用制限あり	ツアーごとの個別条件	きっぷごとの個別条件		きっぷごとの個別条件

第6章

買うときのルール

荘厳な雰囲気の門司港駅みどりの窓口

6-01 どこで買うか

むかしの買い方

国鉄時代のきっぷの買い方といえば、近距離のお出かけは券売機、出張はみどりの窓口、長期旅行のきっぷやツアーは旅行代理店あるいは国鉄直営の旅行センター（現在はJR子会社の旅行代理店などになっている）というスタイルがいちばん多かったと思います。ここでは、さまざまな購入ルートの特徴をあげておきます。

駅窓口

駅の窓口といっても、種類があります。東京駅や大阪駅のように、ずらっとならんだ壮観なきっぷうりばもあれば、印刷済みの常備券や手書きで記入する補充券を売っているだけの田舎の小さな駅もあります。どちらもれっきとしたJRの乗車券を売っている駅にあたります。

しかし、発売している乗車券の範囲は違います。主幹駅のみどりの窓口には指定券などを瞬時に発売できるマルス端末が置かれており、全国の特急券の発売から、旅客任意の変更・払いもどし処理はもとより事故や災害の際のきっぷの変更など、多様な要望に対応しています。特に大きな駅の窓口には出札業務に長けた専従の駅員さんがいるので、難しい相談はこういった駅に持ち込む方がよいでしょう。

券売機

登場当初の券売機はいまのように磁気券に印刷されるわけではなく、すでに印刷された硬券乗車券がセットされていて、発券時に日付が自動で入るというものでした。その後、ロール紙をつど切断してその場で印刷されるタイプになりましたが、速乾性がないので、手が汚れるなど

新大阪駅のきっぷうりば

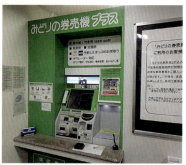

近年に登場したオペレーター対応の券売機

のクレームが多かったようです。そして、感熱紙をつかった磁気券となって現在に至ります。

そのような券売機ですが、近年はオペレーター付きまで登場しています。リモートでコールセンターのスタッフと通じていて、不明な点の問い合わせや複雑なきっぷ、各種の割引証を使う場合などに対応しています。当該券売機の名称はさまざまですが、機能はおおむね同じです。

簡易委託駅の窓口

地元の自治体や観光協会などが受託して出札業務を行っているような駅です。POS端末（乗車券が発行できる収入管理システムを兼ねた機械）や車内補充券発行機を置いている駅から、印刷された常備券を置いているだけの駅まで様々です。機械ならおおむねどの駅までも乗車券の購入が可能ですが、常備券だけの場合は近隣の駅までしか発売しないことが多いです。また特急券を購入できる場合とできない場合があります。さらには、駅ではなく、駅前の商店などで発売していることもあります。

たとえば、函館本線の銀山駅の乗車券は270メートル近くも離れた近隣の商店で発売されています。これが逆にレイルファンの興味を掻き立てられるようで、ここを訪れるひとは少なくないとのことです。

旅行代理店

旅行代理店はひとつの旅行で可能なきっぷをできる限り提供する運用になっていますので、ＪＲと民鉄の連絡乗車券などで一部制限があるものを除いて、あらゆる区間を扱っていると理解していいでしょう（乗車券類委託販売規則7条など参照）。

ただし、ツアー申込窓口と一緒になっていることが多く、購入する場合は、かなり待たされることも多いですし、民鉄の船車券の場合は手数料を取られることもあるので、注意が必要です。逆に平日の日中だと空いている場合もあるので、オフィス街やショッピングモールにある旅行代理店はきっぷ購入の穴場ともいえます。

ネットでの申し込み

今後、ネット経由でのきっぷ購入が多くなってくると思います。本書でも通常の旅は、ICカードとネットでの購入を推奨しますが、当面は使い分けを意識した方がいいかもしれません。詳細は10-05［ネットで買うきっぷ］を参照ください。

函館本線銀山駅では近隣の商店で乗車券を販売

6-02

いつ買うか

むかしは当日購入が原則であった

　鉄道におけるきっぷの発売原則は当日の乗車前というのが明治以来の考え方です。ただし、指定券は4日前から購入可能でした。その後14日前となり、さらにマルス端末が登場したことで、前売りに加速がかかりました。しかし、事前に買おうと、当日買おうと、降りるときに支払おうと同じ金額というのが従来のルールです。

　最近は航空券のように早割という制度も登場しています。早く購入すれば安いという視点は、100年以上の鉄道の歴史でありそうでなかった発想です。これらの昨今の状況を踏まえて、買うタイミングに着目してみます。

1か月より前に申込

　これができるのは、各種のネットを通じた方法です（10-05［ネットで買うきっぷ］を参照）。限定条件はありますが、1年前からも可能です。団体乗車券や貸切乗車券も引き受けは1か月以上前から行いますが、発売は1か月前からです。

1か月前から購入

　旅規上、この時点で購入できるのは指定券です。時間は、その列車の始発駅を基準として10時です（旅規21条1項4号）。その際には同時に使用する普通乗車券も購入可能です（旅規21条2項1号）。

　もっとも、最近は運用上、普通乗車券や自由席特急券であっても、1か月前から発売していることが多いので、できる限り早く相談されることをお薦めします。基準規程28条1項1号に基づく駅長承認で便宜的に前売りを行っているわけです。なお、1か月前とは前月の同じ日を意味します。

10時打ち

　レイルファンの間でよく「10時打ち」と呼ばれる技があります。指定券の発売が1か月前の10時からなので、人気列車の指定券を確保するために10時前に並び、10時ピッタリにマルス端末をたたいてもらい、きっぷを購入するのが目的です。駅員さんの好意で、時報に合わせて

10時打ちで購入した廃止直前の特急券

マルス端末のボタンを押してもらうようなことがありました。

最近はそのためだけに優遇するような窓口はなくなってきているので、10時をめがけて計算して並ぶか、旅行会社などにあらかじめ頼んでおくしかないでしょう。

乗るときに購入

旅規21条1項柱書に規定される通り「発売当日から有効となるものを発売する」というのが、鉄道旅客運送の大原則です。ただし、指定券は利便性などを考慮して、1か月前の10時としています。自由席特急券などは普通乗車券の有効期間内を開始日として事前に購入可能です（旅規21条2項2号）。

乗ってから購入

駅員無配置駅などから乗車した場合は、車掌や乗換駅で購入することになります。無札で乗ったとしても運送機関の黙示の承諾があるとみます。詳細は7-03［駅員無配置駅から乗る］を参照ください。

このほか、特急券に関しては、乗ってから購入すると、高くなる事例などが登場しています（ＪＲ九州の車内料金）。

降りるときに支払う

すでに着駅に至っているので、乗車券の購入ではなく精算となります。目的地に着いている以上、きっぷの役割はありません（12-03［鉄道旅客運送制度の大原則］を参照）。駅の会計処理の方法が変わるだけで、旅客が支払う金額は同じです。ただし、本来は乗車前に目的地まで購入しておくのが原則なので、発駅で最終目的地まできっぷは購入するように心がけてください。事情によっては不正乗車を疑われます。

ICカードやクレジットカードのタッチ決済は、制度のしくみとして降りるときに精算となります（詳細は第10章を参照）。

後払い

きわめて特殊な事例ですが、乗り終わった後に支払うケースもあります。公職選挙法に基づく候補者、戦傷病者、自衛隊員、在日米軍などが所定の方法で乗車する事例が該当します。

津軽線の代行バスでは証明書をもらって後払いとなる

6-03 いくらで買うか

いまでは想像もつかないのですが、1984（昭和59）年までは全国一律運賃でした。特急券などもシンプルな形態になっていて、郵便料金と同じように非常にわかりやすくなっていました。その後の展開は1-03［運賃の基本構造］の通りなのですが、大雑把な分類をしておきます。

紙のきっぷとICカード乗車券

ＪＲ東日本は紙のきっぷの運賃とICカードのIC運賃を分けています。エリア内であれば、いまさら紙のきっぷをわざわざ購入するケースは減っていると思いますので、ICカードが主流でしょう。ＪＲ他社は同一金額です。

早期購入割引

最近は航空券のように早く買うと安くなるという制度が出てきていますが、ネットでの購入に限定されています。詳しくは10-05［ネットで買うきっぷ］を参照ください。

事前購入と車内購入

一部で事前購入と車内購入で金額を分けているきっぷもありますが、鉄道の場合は、駅員無配置駅や券売機の稼働していない時間があるので、公平性の観点からやりにくい面があります。現在、ＪＲ

ＪＲ九州のネット予約画面。九州ネット早特７が価格変動するきっぷ

第6章　買うときのルール

東日本の一部の特急料金とＪＲ九州の一部の自由席特急料金で事前料金と車内料金を分けています。

乗車券のケースでは、区間変更の場合があります。たとえば乗越で、原券（もとともとの乗車券）が大都市近郊間内相互発着ではなく100キロ超だと、いったん打ち切って計算するため、往々にして高くなります。これなどもあらかじめ最終の目的地まで購入しておく方がよいわけです。詳細は8-03［使用開始後の変更と払いもどし］を参照ください。

分割購入

昔から運賃表各区切りの上限で分割すると、いくらか安くなるという技がレイルファンの間ではやっていました。いまでは専用のサイトもできているぐらい一般の方にも知られている方法です。特に特定運賃を設定している区間と抱き合わせると安くなる例があります。

ただし、実際に購入しようとしても、発売しないということはあり得ます。旅規の規定上、乗車券はその駅からのものを発売するのが原則なので、あえて分割するような売り方は想定していません（6-05［ほかの駅からのきっぷは買えない原則］を参照）。

まとめて購入

こちらは逆に、できる限りまとめてしまう方法で、事前購入と同じことです。片道乗車券は経路がぶつからなければ、どこまでも延ばすことができるので、ひと筆書きにすると安く上がります。1-03［運賃の基本構造］で述べた遠距離逓減制の活用で、究極にまとめて買った経路の乗車券が、巷間よく話題になる最長片道きっぷです（2-05［最長片道きっぷ］を参照）。

金額差がわかる〔あさぎり〕（現〔ふじさん〕）の特急券。金額に応じて切断する

繁忙期と閑散期

特急券は、最多で最繁忙期、繁忙期、通常期、閑散期と金額が分かれている場合があります。とはいうものの、航空券ほどの金額差はありません。

ダイナミックプライシング

需要に応じた戦略的な価格変動をさせて発売する方法です。もともと鉄道の運賃は認可制のため（鉄道事業法16条）、届出制の航空運賃（航空法105条）に比べてやりづらい側面があります。認可対象が上限なので、需要が高い時に高くするという方法がとりづらいのです。現在、ＪＲ九州で進んでいる方法は、値下げの価格変動幅をもたせる方法です。この点については流動的なので、細部に立ち入らないでおきます。

6-04 何で支払うか

現金

　誰もがわかりきった支払方法をここであえて説明するのは、災害時の停電やモバイルのICカード機能を利用中に充電がなくなった場合が考えられるからです。たとえば、充電不足によってモバイルSuicaが利用できない場合は利用者の責任です（JR東日本・モバイルデバイスにおけるSuica利用規約11条）。2018（平成30）年の北海道胆振東部地震によるブラックアウト時は記憶に新しいところですが、停電などの場合はカードの類が一切使えないことも想定されるので、現金をまったく持たずに旅をするというのは、少し考えるべきところでしょう。ローカル線では現金のみしか扱ってない場合も十分あり得ます。

クレジットカード

　国鉄とクレジットカードの歴史は古く、JNRカードというものが1985（昭和60）年にスタートしています。その後、JRになったときにJRカードとして引き継がれました。
　これがJRカードです。このカードの良かったところは、JR共通なので、変更や払いもどしの際にJR全社で対応できたことです。しばらく前まで、JRカード以外では他社発行のきっぷでは変更などの取り扱い不可でした。現在、この不便さは解消されて、クレジットカードで購入したきっぷはJR各社で相互に変更や払いもどしが可能です。
　旅行会社で発行されたものは、当該会社に持ち込まないと変更や払いもどしができない場合が通常なので、注意が必要です。有効期間や列車の出発時刻が迫った場合は、ひとまずJRの駅で申告だけはしてください。申出証明をしたうえで、取消処理をしてくれます。
　なお、最近ではタッチ決済に対応している路線も増えてきています。阪急電鉄、阪神電鉄、近畿日本鉄道などが積極的に導入に踏み出しています。きっぷを購入するのではなく、ICカードのように自動改札機にタッチして利用します。JRでは九州が試験導入したところです（10-06［タッチ決済］を参照）。

国鉄のJNRカードを引き継いだJRカード

第6章　買うときのルール

交通系ICカード

ここでわざわざ取り上げた理由は、乗車券としてではなく、券売機や車内精算で使える点を取り上げるためです。通常、ICカードは発駅と着駅でタッチして精算することを想定していますが、エリア外に出る場合などはあらかじめ乗車券を購入する際にも使えます。また、車内精算に使える場合もあります。なお、乗車券としての利用方法は第10章にまとめています。

QRコード決済

最近始まっているQRコード乗車券とは別物です。世間に「○○ペイ」が登場し始めたタイミングで、決済手段として利用している鉄道会社が登場しています。

写真は、福島交通の飯坂温泉駅の窓口です。かなり早い段階で「PayPay」に対応していました。

非交通系電子マネー

WAON（イオンリテール）などに代表される非交通系の電子マネーです。しくみはICカード乗車券と同じですが、鉄道での利用を認めている事例は見受けられないようです。一部のバス会社では、利用が始まっています。

そのほか

使う方は少なくなっていると思いますが、ギフトカードとオレンジカードでの支払いがまだ可能です（旅規4条2項1号）。ＪＲ東日本はイオカードも可能です。ほぼ絶滅危惧種なので、本章のコラムにまとめておきました。

もう少しマニアックに追及すると、特別に認められた場合は、小切手、定額小為替証書、普通為替証書、郵便振替払出証書もあり得ますが（旅規4条2項2号）、いまは振込がほとんどでしょう。

「PayPay」の使用可能を表示した福島交通飯坂温泉駅の窓口

6-05 ほかの駅からのきっぷは買えない原則

なぜほかの駅からの乗車券は買えないのか

最近は、ほかの駅発の近距離乗車券を券売機で売らないようにしている駅も増えています。キセル乗車（乗車区間の途中の運賃を支払わない「中間無札」のこと）などに使われることを懸念して、規則に忠実な設定に変更しているわけです。

その根拠は、旅規20条1項の「その駅から有効なものに限って発売する」という規定です。もともとは窓口の混雑防止といったオペレーション上の観点からの制限ですが、現代では駅員無配置駅が増えたことによるキセル乗車の防止や分割購入による減収への対策のため、近距離乗車券について厳格に運用されている駅が増えているのです。戦前は駅員配置駅ばかりだったので、改札による入出場管理を厳格にして不正乗車防止を図っていましたから、いまとは事情が違います。

ほかの駅からの乗車券を買える場合

この規定には、例外が定められており、つぎの場合は購入可能なことがあります。

① **指定券と一緒に購入する場合**

一般にはこの買い方が圧倒的に多いです。たとえば、北海道への旅行で途中までは飛行機で往復したい場合に、自宅の最寄り駅であらかじめ新千歳空港からの乗車券と特急券を購入しておくなどが考えられます。

② **途中下車可能な未使用区間の駅を発駅とする場合**

たとえば、広島市内→東京都区内まで

かつての奈良駅駅舎。
現在は観光案内所として活用されている

途中下車可能な未使用区間の駅を発駅とする場合の例

第6章　買うときのルール

の乗車券を所持していて、奈良で観光する際、京都から奈良まで別に往復乗車券を購入するようなときです。新幹線の車掌や京都で買わなくても、広島で最初の乗車券と一緒に購入できるわけです。

③**隣接する駅員無配置駅からの乗車券を購入する場合**

いまはマルス端末やPOS端末、さらには車掌のもっている車内補充券発行機があるので、簡単に全国のどの駅でも瞬時に計算されますが、機械がない時代は乗車券を買うだけでも結構な手間がかかりました。なので、あらかじめ直近の駅員配置駅に行って乗車券を購入するケースは多く、そのようなことを想定した規定です。

④**団体乗車券、貸切乗車券**

⑤**急行券、特別車両券、寝台券、コンパートメント券及び座席指定券を発売する場合（立席特急券及び特定特急券にあっては限定されるときもある）**

①と同じ理由です。

ここまではJRの窓口の話ですが、旅行代理店であれば、一部の連絡乗車券などを除いてどの区間でも購入できます。

なお、普通乗車券などは駅長の裁量で対応可能なので（基準規程27条）、合理的な理由があれば柔軟に対応する駅が多くなっています。

車内で購入する方法

新幹線に乗り換える前に、あらかじめ車内で購入しておくという方法があります。

旅規20条2項には「車内において発売する乗車券類は、旅客の当該乗車に有効な普通乗車券及び旅客の乗車した列車に有効なものに限って発売する」という原則をおいています。しかし「前途の列車に有効な乗車券類を発売することがある」と例外をおいているので、乗り換える駅から有効な特急券を売ってもらえることがあります。

たとえば、土讃線の大歩危から特急に乗り、岡山から新幹線で新大阪に行く場合に、土讃線の車掌から新幹線の自由席特急券も購入できるといったケースです。

土讃線大歩危駅は無人駅のため、車掌が集札する

車内で購入する方法の例

6-06 使用開始前の変更と払いもどし

変更は1回

ここで解説するのは使用開始前（旅行開始前）において、1回に限って無手数料で変更できる制度です（旅規248条）。使用開始後の変更は8-03［使用開始後の変更と払いもどし］を参照ください。

指定券の場合は乗車駅の出発時刻（列車遅延の場合は実際の出発時刻）までです。この取扱いを旅規の用語で「乗車券類変更」といい、変更後の券面に「乗変」と入ります。

使用開始前とは、きっぷに入鋏のスタンプが入るか、自動改札機を通すか、実際に乗車する場合（駅員無配置駅の場合）を意味します。これは、鉄道営業法も鉄道運輸規程もきっぷを購入した後で変更などは認めてないので（払いもどしは認めている）、旅規上の優遇制度になります。旅客へのサービスの一環といえるでしょう。

基本の考え方は、同種類の券種相互間で変更できること。続いて、自由席特急券や特定特急券、自由席グリーン券は指定券に変更できると覚えておけば大丈夫でしょう。若干、注意すべきは、指定券から未指定券への変更ができないことです。なお、変更に際しても旅規20条が通則として適用されるので、「その駅から有効なものに限って」変更ができるとするのが原則です。

乗車券の変更

片道乗車券から片道乗車券への変更が可能なことは想像がつくと思います。他方で、往復乗車券や連続乗車券の場合は2枚で1セットなので、1セットごとに変更が可能です（2003［平成15］年に変更）。

これは運送契約から考えるとわかりやすいと思います。片道乗車券は、片道経路の運送契約、往復乗車券は往路と復路がセットになったひとつの運送契約、連続乗車券もしかりです。そのため2枚セ

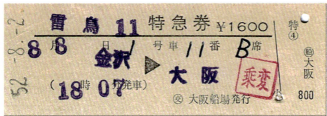

「乗変」と表示された硬券の特急券

第6章 買うときのルール

乗車券類変更の概念

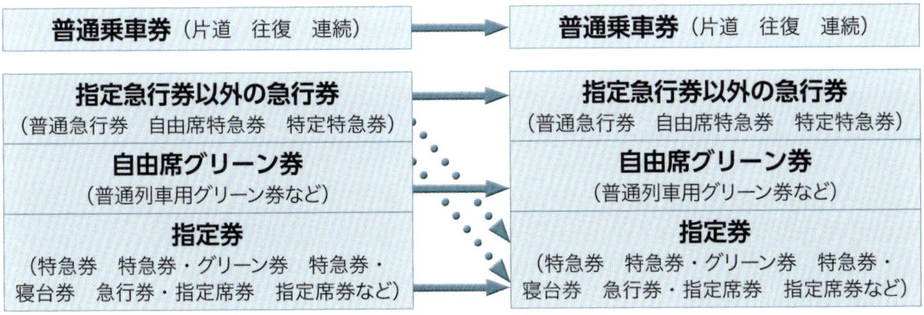

普通乗車券（片道　往復　連続）	→	普通乗車券（片道　往復　連続）

指定急行券以外の急行券 （普通急行券　自由席特急券　特定特急券）	指定急行券以外の急行券 （普通急行券　自由席特急券　特定特急券）
自由席グリーン券 （普通列車用グリーン券など）	自由席グリーン券 （普通列車用グリーン券など）
指定券 （特急券　特急券・グリーン券　特急券・ 寝台券　急行券・指定席券　指定席券など）	指定券 （特急券　特急券・グリーン券　特急券・ 寝台券　急行券・指定席券　指定席券など）

ットの往復乗車券や連続乗車券から片道乗車券1枚に変更できるという規定がなじみます。ちなみに、往復乗車券や連続乗車券の片方を使ってしまうと、使用開始後となるので、払いもどすか区間変更（着駅を変更）をするしかありません。

特急券・グリーン券・寝台券の変更

条文が複雑なので、図で示します。

上図の実線が同じ種類間の変更、破線が別種類への変更を特別に認めているものです。原則は同種のもので、上級変更だけ例外的に許されているようなイメージでよいでしょう。なお、指定席特急券は変更先の特急列車が満席の場合に限って例外的に自由席特急券や特定特急券に変更できます（基準規程272条2項）。

払いもどしのルール

本項目は、使用開始前（旅行開始前）の旅客による有効期間内の任意の払いもどしで、手数料が必要なパターンです。使用開始後は8-03［使用開始後の変更と払いもどし］を参照ください。事故や災害などの理由で払い戻す場合は、11-03［払いもどし］を参照ください。

乗車券の払いもどし

片道、往復、連続乗車券とも、1回分の手数料（220円）で済みます。往復乗車券と連続乗車券で片方を使っていた場合は、使用開始後に該当しますが、例外的に使用開始前と同様の払いもどしが可能です（旅規274条2項）。少しだけ注意が必要なのは、往復割引が適用されていた場合、割引分は取消しになり、普通運賃で計算し直されることです。

料金券払いもどし

①急行券・自由席特急券・特定特急券・自由席グリーン券

普通乗車券と同様に有効期間内で払いもどし可能です（旅規272条1項）。

②指定券

指定席特急券、指定席グリーン券、寝台券、指定席券関連です。券面の乗車駅の出発時刻（列車遅延の場合は実際の出発時刻）まで払いもどし可能です（旅規

273条1項)。

しかし、手数料は出発日の2日前までが340円、前日と当日が3割(340円に満たない場合はその金額)になります。乗車変更(乗車券類変更)したのちに払いもどす場合は、変更の取扱いをした時刻が基準となります。3割という高い手数料を変更で潜脱するのを防止するためです。

③ 立席特急券・特定特急券

立席特急券と特定特急券は、券面の乗車駅の出発時刻(列車遅延の場合は実際の出発時刻)まで、手数料220円で払いもどし可能です(273条1項2号)。立席の特定特急券ではありません(違いは3-03[立席特急券]を参照)。

④ 座席未指定特急券

座席未指定券の特急券の場合は券面表示の乗車日まで手数料340円で払いもどし可能です(273条2項)。

特別企画乗車券の払いもどし

こちらは一律の基準がありませんので、当該きっぷの案内に従います。

乗変のゴム印が押されたマルス券

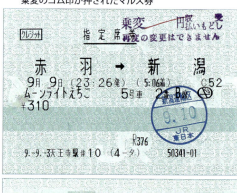

乗変のゴム印が押された硬券乗車券

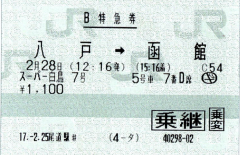

乗変表示のあるマルス券

6-07

買う余裕がないとき

| 1 | 2 | 3 | 4 | 5 | 6 | 7 | 8 | 9 | 10 | 20 | 30 |

ICカードで乗る

余裕をもって駅に行くことが望ましいのですが、どうしようもないときもあると思います。そのようなときはひとまず目的の列車に乗ることが必要になります。

オーソドックスな方法としては、ICカードでとりあえず入ってしまうケースがあります。もちろんICカードのエリア内が着駅の場合は、問題ありません。ICカードエリア外に行くとしても、乗換駅や車掌に申し出ることで、普通乗車券に替えてもらうことが可能な場合があります。ICカード対応端末がない場合は、現金精算になります。

乗車駅証明書をもらう

「乗車駅証明書」というものがあります。その根拠は旅規19条2項1号の規定に依拠します。この規定にある係員の承諾の証として運用上、用いられてきたのです。

乗車券の発行に手間がかかる場合など、やむを得ない事情があるときはこのような証明書を改札口などで発行し、車掌から乗車券を購入するか着駅で精算をしてもらうように誘導するのです。

しかし、最近は大きな駅ではこの証明書を発行しなくなっています。

近距離の乗車券で乗る

改札口が閉まっていて、駅員さんに相談できない場合も増えています。このような場合はどうすればよいでしょうか。とれる手段としては、まず在来線に乗車するのであれば、目的地方向の途中駅までの乗車券を購入してとりあえず乗車してしまう方法です。その後、車掌に申告して乗り越し（区間変更）の処理をしてもらえばいいのです。このようにすれば、乗車駅から目的の駅までの運賃からすでに支払った運賃を控除してくれるので、当初、購入しようとしていた乗車券と同じ費用で済みます。

ただし、最初に購入する乗車券は大都市近郊区間内完結の乗車券か、近郊区間外の場合は100キロまでの乗車券にしておく必要があります。

東北新幹線福島駅で発行された「乗車駅証明書」

6-08 きっぷの譲渡

きっぷの譲渡は許されるのか

　原則として譲渡できますし譲受人も利用可能です。法的根拠までさかのぼってみます。民法は466条１項で「債権は、譲り渡すことができる」として債権譲渡自由の原則を定めています。乗車を請求する権利も債権にあたりますので、ひとまず法的には譲渡可能と理解できます。そして、乗車請求債権を表章するものとして乗車券が存在するから、呈示によって権利主張ができそうです。

　ここからは、旅規の話になります。同じく乗車券の譲渡は自由ですが、鉄道会社に対して有効か無効かが、規定によって変わってきます。譲り合った当人同士では有効でも、鉄道会社に対しては無効の場合（正確には対抗できない場合）があるということです。

　譲渡しても使えない場合は下記の通りです。
1．使用者の属性が決まっているときです。たとえば、大人が小児のきっぷを使うときです。２枚持っていても使えません。逆に大人用を小児が使うことは例外として可能です（旅規148条2号）。
2．使用者が特定される乗車券は譲渡しても使えません。定期乗車券、学生割引乗車券、身体障害者割引乗車券、ジャパンレイルパスなどです。ただし、ＪＲバスなどにある持参人形式の定期乗車券は、だれでも使用可能ですし、譲渡もできます。

途中まで使ったきっぷの譲渡

1．乗車券の経路の途中から別の方が使うことはできません。たとえば途中下車をしたあとに、その駅か先の駅で別人が乗車券を譲り受けて乗車する場合です。旅規167条1項7号に「旅行開始後の乗車券を他人から譲り受けて使用したとき」は無効として回収するとあるからです。ただし、払いもどしは持ち主の許可があれば代理受領と考える余地があります。
2．往復乗車券や連続乗車券の片方を他人が使うことはできません。これらの乗車券は、片方を使用したところで全券片の使用開始となるので、同じように他人が使用することはできません。
3．右頁上の写真のようにセットになっ

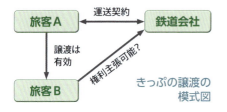

きっぷの譲渡の模式図

第6章　買うときのルール

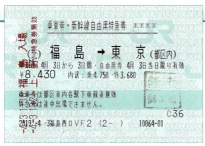

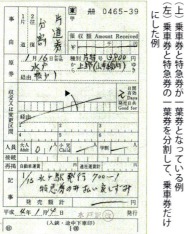

(上) 乗車券と特急券が一葉券となっている例
(左) 乗車券と特急券の一葉券を分割して、乗車券だけにした例

ているきっぷの片方は他人が使用可能です。以前は連綴式のきっぷがありました（12-08 [規則の限界（遅延で最高裁まで闘った話）] を参照）。マルス券でも一葉券として売ることが多くなっています。これらのきっぷで急行や特急で行く予定が普通に乗ってしまった場合、あとで残った方を使うことも可能ですし、払いもどしもできます。単に便宜上、一緒になっているだけで、役割は別々だからです。

「青春18きっぷ」の譲渡

実は、登場時にひとりで使っても、複数名で使ってもよいという触れ込みでそ

もそもアピールされていました。むかしは5枚の冊子タイプになっていて、1枚ずつばらせたので、ひとりずつ持ったり、友人に売ったりなどされていました。金券屋でもバラバラにされて売買されていました。しかし、2024（令和6）年冬から1名での利用が条件となったため、使用開始後の譲渡はできなくなっています。

転売ヤー対策

最近では限定発売の記念きっぷやレアな列車の特急券などがネット上において高額で売買されるケースがあり、批判されています。しかし実際に規制するのは困難です。

たとえば、近畿日本鉄道は、「特別急行券を、所定の料金を超えて、第三者に転売し、または転売しようとしたとき」と、この「転売行為を利用して特別急行券を購入したとき」は無効として回収することがあるとすると定めています（近畿日本鉄道・旅客営業規則110条）。この規定に基づいて実際に個別に調べるのは難しいでしょう。

また、チケット不正転売禁止法（正称：特定興行入場券の不正転売の禁止等による興行入場券の適正な流通の確保に関する法律）もありますが、当該法令は、「映画、演劇、演芸、音楽、舞踊その他の芸術及び芸能又はスポーツ」（2条1項）という「興行」に適用するものなので、イベント列車ぐらいでないと難しいでしょう。

まだ使える〇〇カード

タイトルの〇〇の中は、三つ入ります。ギフト、オレンジ、イオの古参三種です。

・「ギフトカード」

国鉄時代とJRになってしばらくは発売されていた「ギフトカード」です。

旅規上も302条以下に規定が残されており、国鉄時代の「ギフトカード」であっても、JR各社が引き継いでいるから利用できるわけです。ただ、国鉄時代の「ギフトカード」を持ち込まれたJR会社は請求先がないので、ババを引かされたともいえるでしょう。

現在、JR独自のギフトカードとしては、「ツインクル旅行券」(JR北海道)、「びゅう商品券」(JR東日本)、「JR西日本WENSギフトカード」、「JR四国旅行券」が残っています。JR東日本とJR九州の旅行券は廃止されています。JR東海には、子会社であるJR東海ツアーズの発行する旅行券があります。

・「オレンジカード」

プリペイドカードです。「ギフトカード」と並んで「オレンジカード」も旅規306条以下に規定があり、使用可能です。もちろん国鉄時代のものでも使用可能です。

・「イオカード」

JR東日本のみで使えるプリペイドカードで、当時はそのまま自動改札機に入れることができました。現在、自動改札機には使えません。一部の券売機や精算機でのみ使用可能です。

プリペイドカードの「オレンジカード」。現在も使用可能

国鉄時代に発行された「ギフトカード」。現在も使用可能

JR東日本のみで使えるプリペイドカードの「イオカード」。現在は自動改札機には使えない

第 7 章

乗るときのルール

えちごトキめき鉄道筒石駅のホームに至るまでの長いトンネル

改札の役割

旅行開始と使用開始

　旅規3条11号において、「『旅行開始』とは、旅客が旅行を開始する駅において、乗車券の改札を受けて入場することをいう」とあり、これがきっぷのスタートです。自動改札機がない駅員無配置駅から乗車する場合は、「乗車」が基準です。旅規の中では、「旅行開始」と「使用開始」とふたつの用語が使われていますが、前者はおもに普通乗車券を前提とし、後者は回数乗車券や料金券などを前提とした語法です。ただし、現在は、多くの鉄道会社が「使用開始」という表現を一般的に用いています。

　そして、改札とは、実際に改札口で入鋏のスタンプを押してもらうことや自動改札機を通すことを言い、旅客はこれに応じる義務があります（旅規228条）。これをもって、乗車変更や払いもどしの条件が変わりますし、きっぷの使用者が特定されます。

改札鋏

　1989（平成元）年から現在のスタンプ式の入鋏印が使われていますが、それ以前は金属でできた改札鋏が使われていました。この改札鋏できっぷの一部（右下が原則）を切り落とすのですが、形（鋏痕）は駅によってさまざまでした。たとえば鎌倉駅は仏塔のような形、青森駅は船をつなぐ係船柱のような形でした。

入鋏印（チケッター）

　感熱紙に載せる速乾性のインクの開発に時間がかかっていたと聞きます。規則上は、「入鋏（スタンプの押なつによる代用を含む。……）」というあっさりした規定ぶりになっています。

自動改札機・IC簡易改札機

　旅規上の正式名称は「自動改札装置」であり（228条）、ICカード約款の場合は、「自動改札機」と表現されています（東日本旅客鉄道株式会社ICカード乗車券取扱規則3条）。きっぷを挿入したとき、タッチしたときが使用開始もしくは旅行開始と判断されます。

（左）仏塔のような形の鎌倉駅の鋏痕
（中）船をつなぐ係船柱のような青森駅の鋏痕
（右）飯田線本長篠駅の入鋏印（導入直後）

7-02 乗り遅れたときの救済

乗車券の場合

　乗車券には時間の指定はないので、乗り遅れたとすれば、最終列車に乗れなかったことが想定されます。当日限りの乗車券や自由席グリーン券を所持している場合は、ただちに提出することで有効期間の延長（手数料不要）か払いもどし（手数料必要）が可能です（旅規280条）。

　当日限りの乗車券や自由席グリーン券を所持していて、改札を入る前に0時を過ぎてしまっても、有効期間の延長手続きをすることなく、最終の列車等と認められる列車にはそのまま乗車可能です（基準規程346条）。0時前に改札を通ったあとに0時を過ぎた場合（有効期間が切れた場合）は、継続乗車制（8-02［乗車後のトラブル］を参照）の適用となるので、券面の着駅まで向かうことが可能です（途中下車不可）。

料金券の場合

　自由席特急券などは、乗車日の1個の特急列車に有効なので（旅規172条3項）、後続の特急列車に乗ればよいだけです。未指定特急券も同様です。

　指定席特急券の場合は、券面の通り当該列車に限って有効というのが原則です（旅規172条1項）。しかし、それでは少々酷なので、自由席特急券と同様に使用できるような優遇措置が認められています（基準規程272条の2第1項）。指定席特急券なので、「特急券・寝台券」となっている場合は含まれません。

　指定席特別車両券（グリーン券）の場合は空席があり、運輸上支障がないときは、グリーン車に乗ることができます（例外あり）。

　JR北海道とJR東日本の全車指定席の特急列車（一部は除く）の場合は、未指定特急券とみなした取扱いになります（基準規程272条の2第1項および4項、旅規172条の3）。JR西日本の全車指定席の特急列車（一部は除く）の場合は立席利用が可能です。

改札通過後の場合

　入鋏後間もない場合や、事情やむを得ないと認められる場合は、誤入鋏印を押してもらい、使用開始前のきっぷとしてもらえることがあります（基準規程325条）。

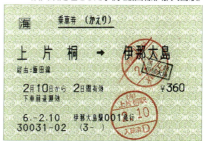

別の乗車券に入鋏して誤入鋏処理をした事例（飯田線伊那大島駅）

7-03

駅員無配置駅から乗る

| 1 | 2 | 3 | 4 | 5 | 6 | 7 | 8 | 9 | 10 | 20 | 30 |

駅員無配置駅から乗る場合のルール

　改札がない駅員無配置駅から乗車した場合です。旅規3条11号但書に「駅員無配置駅から旅客が乗車する場合は、その乗車することをいう」とあることから、列車に乗ったときが使用開始（旅行開始）とされます。

　では、乗車券を持たずに乗車することは問題ないのでしょうか。この点は、旅規13条5項において、駅員無配置駅から乗った場合は「直ちに相当の乗車券類を購入するものとする」とあり、反対解釈し、無札での乗車はやむを得ないと推定

されます（鉄道営業法15条の「別段ノ定」に相当する）。

　ただし、最近は駅員無配置駅であっても、自動改札機やICカード用の簡易改札機などがあるので、駅員がいなくても、そこを通過することで乗車と認められます。また、入場券を発売している駅員無配置駅において、改札口から先は、入場券が必要な駅構内と考えます。ちなみに、地元の自治体などが出札業務を受託している駅もありますが、簡易委託という形式なので、駅員無配置駅とみます。券売機がひとになっているというだけの位置づけです。

　そして、無札で乗車したのち、旅客は直ちに乗車券を求める必要があります（旅規13条4項）。とはいうものの、最近は車掌が乗ってないことも多く、運転士は一部を除いて乗車券を発売しないので、その場合は（発行されていれば）整理券を取っておけば構いません（旅規13条の2）。整理券がその駅で乗ったことの証

（左）駅に備えられている乗車駅証明書の発行機
（下）発行された乗車駅証明書

明になるので、不正乗車ではないという証拠となります。

駅で乗車駅証明書発行機があるのであれば、きちんと乗車駅証明書を受け取ってから乗車しましょう。なお、駅員無配置駅からの乗車でも学生割引普通乗車券や身体障害者割引乗車券などは取り扱いますので（旅規23条の3反対解釈）、車掌や途中駅で申し出てください。

駅員無配置駅からワンマン列車に乗る場合

ワンマン列車とは、厳密には運転取扱いにも従事する車掌が乗務していない列車を意味します。法的には「動力車を操縦する係員が単独で乗務する列車」（鉄道に関する技術上の基準を定める省令（平成13年国土交通省令第151号）86条）という表現になります。したがって、車内の特別改札を担当する「特改車掌」や乗車券を発売するアテンダントが乗務していてもワンマン列車といいます。ここでは、そのような旅客対応をするスタッフが運転士しかいない場合を想定して論を進めます。

通常、このようなワンマン列車は整理券をとって乗車し、下車する駅が駅員無配置駅や集札業務を行わない簡易委託駅などの場合は車内で精算することになります。

車掌が乗っていた時代に比べて随分と不便なので、どのような措置が講じられているのか気になるところです。

通常、運転士から乗車券は購入できませんので、あらかじめ乗車券を所持しておらず、駅員無配置駅で降りる場合は、都度、当該区間を精算しなければなりません。旅規13条1項の通りです。しかし、現在では、駅員無配置駅が増えて、窓口も廃止になり、営業時間も短くなったにもかかわらず、原則通りでは旅客にかなり酷です。そこで、いくつか優遇措置を置いている場合があります。

たとえば、ＪＲ北海道です。日本最東端の駅である東根室（駅員無配置駅）で乗車し、乗車券を持ったまま東釧路（駅員無配置駅）で釧網本線に乗り換えて網走に行くような場合です。車掌が乗務していた時代なら網走までの乗車券を購入し、東釧路で乗り換えることができました。現在、このような場合、乗換駅である東釧路で網走までの運賃を収受して精算証明書を発行し、途中駅や車掌にこれを乗車券に替えてもらうか、着駅で提出する形をとっています。ＪＲ四国の場合は、整理券を持ったまま乗り換えるなどの方法です。運転士が車内補充券発行機を持っている場合もあるようです。

このように、対応は各社まちまちなので、ワンマン運転の列車での乗り換えや途中下車の際は、念のため運転士に尋ねた方がいいでしょう。

ワンマン列車で発行される整理券

7-04
マルム乗車券

マルム乗車券の事例

無人化の影響からマルム乗車券が増えているので、疑問を持たれる方も多いと思います。「マルム」とは、近距離など限定した範囲でしか乗車券を発売しない駅の乗車券に表記するマークです（車内補充券にはいることもあります）。○にムと入るので、マルムといいます。まずは事例から見ていきます。

下の写真は、木次線の亀嵩駅の乗車券です。国鉄時代の末期に委託駅となり、その後、そば屋を掛け持ちして現在にいたります。このような駅の形態を簡易委託といい、原則として、限定された乗車券しか発売しません。

最近は大きな駅でもマルム乗車券になっている例があります。ユニバーサルスタジオジャパンの最寄りにあるユニバーサルシティ駅の乗車券です。自動改札機もたくさんあって、駅員さんも大勢いるような大きな駅ですが、当時はみどりの窓口も長距離乗車券を発売する券売機もありませんでした。

マルムの意味

旅規は21条の2第3号で「発売区間については、前各号に規定する発売時間内において、旅客の希望する区間の乗車券類を発売する。ただし、普通乗車券の発売区間については、別に定めることがある」と規定しています。つまり、営業時間内において希望する乗車券を売るが、発売区間については制限する可能性があることがわかります。これに沿って駅の設備や駅員のスキルなどとの関係から発売する乗車券を制限しているのです。

桜島線のユニバーサルシティ駅のマルム乗車券

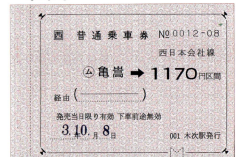
（上）木次線の亀嵩駅のマルム乗車券
（下）亀嵩駅外観。右側の旧事務室部分がそば屋となっている

第7章　乗るときのルール

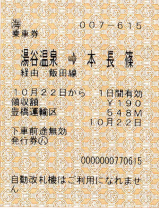

（左）車掌の車内補充券発行機で発行されたマルム乗車券
（右）買替として発行された乗車券

しかし、こういった限定された乗車券しか売らない駅から遠方に行く場合、あるいは学生割引などの乗車券を必要とするときは困ってしまいます。

旅規27条は車掌などの乗務員が「携帯する普通乗車券ではその請求に応じられないとき」に「普通乗車券によって乗車方向の最遠の駅又は乗継駅までのものを発売し、同乗車券の券面に、途中駅まで発売した旨を表示する」としていて、この規定は上記の制限のある乗車券しか発売しない駅からの乗車券にも準用されます（21条の2）。たとえば亀嵩から東京都区内までの乗車券は、このそば屋では売っていませんから、同じ方向のいちばん高い乗車券などをいったん購入し、その先の駅や車掌に乗り越しを申告することになります。そのような事情を証明するためのマルムです。

そして、マルム乗車券を前提とした乗越などの場合は、「買替」という特殊な形態で乗車券を発行するのです（基準規程44条）。このときは旅客の損にならないよう発駅計算で行います（発駅で購入した場合と同じ金額にする）。駅の場合はいったん無手数料で払い戻す措置が運用上定着しています。

IT時代のマルム乗車券

おもしろいことに、ハイテク機器を駆使した現代でも思わぬところでマルムが登場しています。車掌の所持している車内補充券発行機は全国どの駅までも乗車券が発行できるのに、不思議です。尋ねてみると、車内補充券発行機のメモリには一定範囲の情報しか入っておらず、それを超えると、携帯の通信回線を通じてサーバーにアクセスしてから発行するような形になっているとのことでした。

7-05

選択乗車のように見える制度

`1 2 3 4 5 6 7 8 9 10 20 30`

選択乗車は、券面表示の経路にかかわらず、別の経路を通ってもよいというルールであり、制度上は次頁以下に記載した二つしかありません。しかし、選択乗車とそっくりな機能を果たす制度があります。

新幹線と並行在来線の関係

新下関〜博多間を除く新幹線区間は並行在来線と同一とみます。本制度は選択乗車のように見えますが、通則規定なので、1-05［新幹線と並行在来線の関係］を参照してください。

特定区間の運賃計算

需要が高い一部の複数のルートについては、最短経路で運賃計算するという規定が旅規69条にあります。その規定に関連して、旅規158条では、その「経路をう回して乗車することができる」とありますので、「う回」という側面から見ると、選択乗車類似の機能をもつ制度といえます。1-06［特定区間の運賃計算］を参照してください。

都心を通過する場合の特例

山手線などの内側を通過する乗車券は経路を特定せず、最短経路で運賃計算されます。本制度には、運賃・料金計算規定に合わせるように旅規159条で、う回乗車を認める効力規定が置いてあります。こちらも選択乗車類似の機能をもっています。詳しくは1-07［都心を通過する場合の運賃計算（70条区間）］を参照してください。

特定の都区市内駅を発着する場合の特例

乗車券の発着駅が東京都区内などとなっている場合です。本制度も選択乗車のように見えますが、運賃計算規定なので、1-08［特定都区市内の駅を発着する場合の運賃計算］を参照してください。当該エリア内では、経路は特定されないので、選択乗車と同じ機能をもっています。

選択乗車のように見える制度の概念図

	選択乗車	新幹線と並行在来線の関係	特定区間の運賃計算	都心を通過する場合の特例	特定の都区市内駅を発着する場合
第1章 通則		原則同一（旅規16条の2）			
第3章 旅客運賃・料金			最短経路で計算（旅規69条）	最短経路で計算（旅規70条）	中心駅で計算（旅規86条・87条）
第4章 乗車券類の効力	旅規157条		う回乗車可（旅規158条）	う回乗車可（旅規159条）	

類似の制度 → 一定の複数ルートのうち、どれを通ってもよいという効果がある。

7-06 選択乗車のしくみ1

選択乗車の考え方

これだけ縦横無尽に鉄道網が張り巡らされていると、目的地に向かう際も様々な経路が考えられます。そこで、どちらも選択の需要がありそうな区間を旅客に自由に選ばせることにして、お互いに便利なようにしている制度が選択乗車制です。

形態としては、ふたつの種類に分かれます。ひとつ目は選択肢が2＋2となっているタイプです。第一選択が「発駅→経由駅A」と「発駅→経由駅B」をまず選んで、さらに「経由駅A→着駅」と「経由駅B→着駅」を選ぶパターン。

ふたつ目は経由駅Aを通るルートと経由駅Bを通るルートの選択のみの区間です。

選択乗車の考え方

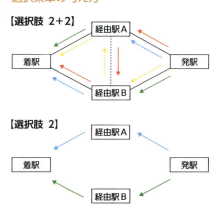

事例問題

名古屋〜岐阜間の事例を取り上げます。上記の選択肢2＋2タイプです。

【旅客営業規則　第157条】

旅客は、次の各号に掲げる各駅相互間（略図中の＝線区間以遠の駅と―線区間以遠の駅若しくは◎印駅相互間）を、普通乗車券又は普通回数乗車券（いずれも併用となるものを含む。）によって旅行する場合は、その所持する乗車券の券面に表示された経路にかかわらず、各号の末尾に記載した同一かっこ内の区間又は経路のいずれか一方を選択して乗車することができる。ただし、2枚以上の普通乗車券又は普通回数乗車券を併用して使用する場合は、他方の経路の乗車中においては途中下車をすることができない。

とても細かく書かれていますが、まとめるとこうなります。
①名古屋〜岐阜あるいは名古屋〜岐阜羽島間を乗車するとき、②米原〜岐阜あるいは米原〜岐阜羽島間を乗車するとき、③名古屋〜米原間を乗車するときの3パ

名古屋〜岐阜間の事例

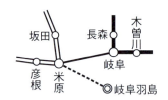

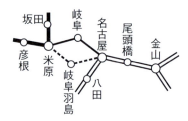

> 【第1問】
> あなたは、名古屋から米原までの乗車券を所持していて、名古屋から岐阜もしくは岐阜羽島に行くとき、次のどちらを通りますか？
> A　東海道本線の名古屋〜岐阜間
> B　東海道新幹線の名古屋〜岐阜羽島間
>
> 【第2問】
> さらに、あなたは岐阜もしくは岐阜羽島から米原に行くとき、次のどちらを通りますか？　第1問の回答にかかわらずどちらも選択できます。
> A　東海道本線の岐阜〜米原間
> B　東海道新幹線岐阜羽島〜米原間

ターンにおいて、東海道本線と東海道新幹線を選んで乗車できるということです。③については、もともと新幹線と並行在来線を同一とみなす規定（旅規16条の2）があるので（1-05［新幹線と並行在来線の関係］参照）、その規定との重複適用といえます。

以上の情報を前提にアンケート（右上）のようにしてみます。

「第1問の回答にかかわらず」がポイントです。だから東海道新幹線で岐阜羽島に行ってしまっても、そのあと岐阜から旅を継続できるわけで、逆もしかりです。事実上、岐阜と岐阜羽島を相互にワープすることが可能です。もちろん両駅の間は名古屋鉄道の羽島線を利用しないと移動できないので、いったん改札を出ることになります。

このような技巧的な仕組みを編み出して、旅客に対するサービスを図っています。これは、ＪＲ側もメリットがあります。旅客が急に別の経路に移った場合に別の線路であれば区間変更を必要としますが、それが省略できるのです。需要のある区間であればなおさらなので、このような複雑な仕組みが存在するといえます。

選択乗車の区間

最後に全国の選択乗車区間を表にまとめておきます。規則の詳細はＪＲ各社のサイトをご覧ください。

第7章　乗るときのルール

選択乗車区間一覧（選択経路欄の・の前後が選択肢）

区間	該当する号数	選択肢2+2型	選択肢2型	選択経路
仙台〜一ノ関間	1	●		東北本線（仙台〜小牛田間）・東北新幹線（仙台〜古川間）・東北本線（一ノ関〜小牛田間）・東北新幹線（一ノ関〜古川間）※1
	5、6、7	●		東北本線（仙台〜新田間）・東北新幹線（仙台〜くりこま高原間）・東北本線（一ノ関〜新田間）・東北新幹線（一ノ関〜くりこま高原間）
小牛田〜一ノ関・新田間	7、8	●		東北本線・陸羽東線および東北新幹線
北上〜盛岡間	2	●		東北本線・東北新幹線※1
一ノ関〜北上間	3、4	●		東北本線・東北新幹線
福島〜仙台間	9、10、11	●		
長岡〜新潟間	12、	●		信越本線・上越新幹線※1
高崎〜越後湯沢間	13、14、15	●		上越線・上越新幹線
熊谷〜高崎間	16、17、18	●		高崎線・上越新幹線
小田原〜新横浜・横浜間	19		●	東海道本線・東海道本線および横浜線※2
品川〜小田原間	20	●		東海道本線・東海道新幹線※1
東神奈川〜小田原間	21		●	東海道本線・東海道新幹線および横浜線
辰野〜塩尻間	22		●	中央本線の岡谷経由・小野経由※2
三島〜静岡間	23、24、25	●		東海道本線・東海道新幹線
名古屋〜米原間	26、27、28	●		
大阪〜西明石間	29		●	東海道本線および山陽本線・東海道新幹線および山陽新幹線※2
新大阪〜西明石間	30、31、32	●		東海道本線および山陽本線・山陽新幹線
相生〜東岡山間	33		●	山陽本線・赤穂線
向井原〜伊予大洲間	34		●	予讃線・内子線
福山〜三原間	35、36、37	●		山陽本線・山陽新幹線
三原〜広島間	38、39、40	●		
広島〜徳山間	41、42、43	●		
居能〜小野田間	44		●	宇部線および山陽本線・小野田線
新山口〜宇部間	45		●	山陽本線・宇部線
博多〜久留米間	46、47、48	●		鹿児島本線・九州新幹線
筑後船小屋〜熊本間	49、50、51 52、53、54	●※3		
喜々津〜浦上間	55		●	長崎本線の本川内経由・現川経由
喜々津〜長与〜西浦上間	56		●	長崎本線の本川内経由・現川経由※2
東園〜本河内・浦上または長崎間	57		●	長崎本線の長与経由・現川経由

※1：当該区間以遠の駅を発着する場合なので、選択乗車区間内の途中駅（例：小牛田、古川、塩釜）が発着となる場合は適用されない。　※2：一部に途中下車制限区間あり（旅規の該当箇所を参照）。
※3：選択肢が2+2にさらに2肢が加わった派生型（下図）

選択肢2+2+2型

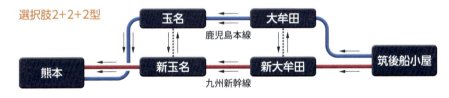

105

選択乗車のしくみ2
（大都市近郊区間）

大都市近郊区間内で完結する乗車券

もうひとつの選択乗車制度です（旅規157条2項）。運賃計算規定のようにも見えますが、乗車券類の効力に属する選択乗車の制度です。このような誤解がなぜ生じているかというと、時刻表の表記が「実際にご乗車になる経路にかかわらず、最も安くなる経路で計算した運賃で乗車することができます」となっているからです。実際に大都市近郊間内を利用する際に駅の運賃表を見ると、経路の明記はなく、地図に金額が書かれているだけです。どのルートを通っても同じ金額になっています。マルス端末では通常、最短経路で計算されるので、一般向けには、この表記で問題ないのです。

しかし、旅規上の順序は違います。基本的に旅客は自分の希望する経路で乗車券の申し込みをします。途中のエキナカのショップに寄っていきたいなどの理由で、最短経路ではない線路で目的地に向かうこともあると思います。その場合、確かに旅客が申し出た通りの経路で乗車券を発行するのが本来なのですが、それではクレームになりますし、あとで変更をされたのでは事務処理の手間がかかります。だから、券売機の金額式の乗車券も存在するし、マルス端末も自動で最短経路になるのです。

おさらいしておきます。大都市近郊区間内で完結する乗車券においては、エリア内で経路が接触しない限り、どこを通ってもよいのです（ただし、区間外乗車が可能なので、事実上、接触する場合はあり得ます）。

それでは、新潟近郊区間を使った実例を確認しておきます。

右頁の写真は券売機で購入した金額式の新潟から関屋までの乗車券です。

最短経路で行けば8分足らずの距離ですが、選択乗車制により、経路が接触し

新潟近郊区間を使った実例

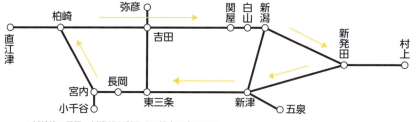

＊新幹線で長岡〜新潟間を利用する場合は含まない

第7章　乗るときのルール

券売機で購入した金額式の新潟から関屋までの乗車券

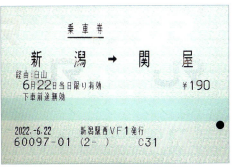

新潟から関屋までの経由が表記された乗車券

なければ近郊区間内のどこを通っても良いわけです。最長で新発田→新津→宮内→柏崎を経由することができるのです。

また、経由が白山と表記された乗車券でも、新津や宮内をまわることが可能です。運賃計算規定であるとの誤解から、この乗車券で大回りはできないと思われがちですが、選択乗車制なので、問題ありません。

山手線一周乗車券

山手線を一周する際もこの選択乗車制が活用されます。もちろん、まじめに山手線を一周する乗車券も買えますが、わざわざ高い乗車券を買う方はいないでしょう。

いちばん安い方法は、東京から最低区間の往復乗車券を使う方法です。一例として往路で東京→神田、復路で神田→東京とし、片方で選択乗車制を使って遠回りする方法を挙げます。乗車券の通りに神田で降りる必要はないので、一周し終わったら、東京で往復分の2枚を渡して終わりです。ゆき券で遠回り、かえり券で最短経路という考え方です。なお、神田もしくは秋葉原から山手線一周をする場合は150円で可能となります。神田から150円の乗車券は、神田→御茶ノ水→秋葉原→神田の運賃に相当しますが、選択乗車制により神田→渋谷→池袋→日暮里→神田と乗車することが可能です。秋葉原発も同様です。

山手線一周の概念図

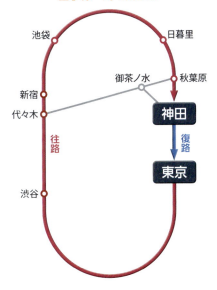

7-08

選択乗車区間での大回り乗車

1 2 3 4 5 6 7 8 9 10 20 30

大回り乗車の裏付けルール

レイルファンの間で大晦日の早朝から元旦の夜、正確には２日の０時過ぎにかけて流行っている「大回り乗車」と呼ばれる遊びがあります。最低区間の乗車券で一度も改札を出ることなく、２日間列車に乗り続けることです。

そのからくりについてです。東京、新潟、仙台、大阪、福岡には「大都市近郊区間」といって、特定エリア内で完結する乗車券を使うと、券面の経路にかかわらずルートを自由に選べるルールがあります。この制度を選択乗車制といいます（7-06［選択乗車のしくみ１］参照）。

ということは、遠回りをすることも可能なのです。大晦日は一部で終夜運転がありますので、これを利用すれば、改札を出ることなく、事実上、２日間乗り続けることができてしまいます。終夜運転がない日は途中で駅を追い出されるので、一日間しかできません。

この裏付けとなっている制度が、継続乗車制です（8-02［乗車後のトラブル］参照）。一度改札を入ってしまえば、有効期間が切れても当該乗車券の着駅まで引き続き乗車可能というルールです。もともとは、終電や夜行列車などを意図している制度ですが、終夜運転にも適用され

ます。大晦日の終電が元旦の深夜まで続いているようなものです。

大回り乗車のモデル

日本でいちばん長いコースを挙げておきます。

まず12月31日の初電に乗るため、隣の駅までの最低区間の乗車券を購入します。どこでもよいのですが、最長例として取り上げられる常磐線の北小金→馬橋の乗車券を購入したことにします。北小金の改札を入り、右頁の図のルートにそって旅を続けます。この先は目的地の馬橋まで改札を出られません。出てしまうと、区間変更として扱われて、そこまでの運賃精算が必要になってきます（旅規157条3項）。また、一度通過した駅を通った場合も精算が必要です（区間外乗車を除きます）。

やがて、０時を迎えて元旦に入ります。当日限りの乗車券はここで終わりとなるのが原則なのですが、継続乗車の特例がスタートします。途中下車をしなければ、目的地の馬橋まで到達可能なのです。

さらに、１月２日に突入です。改札を出なければまだ乗り続けられるので、継続乗車は続きます。そして、ついに終電まで乗り続け、馬橋で下車をすることになります。

第7章　乗るときのルール

日本でいちばん長い大回り乗車のコース（北小金⇄馬橋）

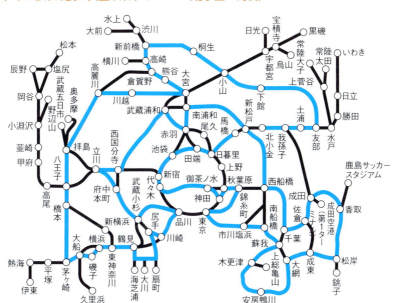

　1000キロ以上の旅をしながら150円という極めつけの鉄道旅行となるのです。一度も改札を出ることができないので現実的ではありませんが、レイルファンによる規則上の遊びとして語り継がれています。このような遊びも国鉄の制度がＪＲに引き継がれていることによるものです。

　なお、大阪近郊区間については、新大阪～京都間および西明石～相生間の新幹線も加えることが可能です（旅規16条の2および156条1項2号ロの反対解釈）。

　それから、同じような遊びをICカードでも実行することが可能です。この場合、大都市近郊区間とICカードのエリアは必ずしも一致するものではないので、注意が必要です（10-04［ＩＣカード乗車券で大回り乗車］を参照）。

改札を出られる駅

　前述の通り、この乗車券やICカードでの旅は、途中下車前途無効なので、改札を出た場合は無効となりますが、規則上、出られる駅がひとつあります。浜川崎駅では、南武線のホームと鶴見線のホームの間に道路が通っているので、いったん駅構内を出ることになります。このような場合は、途中下車ではありません。基準規程145条に定める「接続駅で一時出場させる場合」に該当し、途中下車としてのカウントはしません。

7-09 区間外乗車のしくみ

区間外乗車の考え方

簡単にいうと、経路をはみだしても、運賃は必要ありませんという乗車券の効力に関する制度です。どこでも可能なわけではなく、主に分岐駅を通過する列車が存在するところなどに限定して設けられています。事務処理の手間を省く意味もあります。以前は旅規ではなく、基準規程に規定されていたのですが、2024（令和6）年に旅規に移行しました。本来旅客の権利義務にかかわる規定は、消費者契約法の趣旨からすると旅規に定めるべきことなので、望ましいことです。

特定の分岐区間に対する区間外乗車の特例

乗り換えホームがそもそも存在しないため区間外に乗車せざるを得ない場合です（旅規160条の2）。たとえば、仙石線の松島海岸から東北本線の小牛田に行く場合です。乗車券は松島海岸→小牛田ですが、松島海岸→高城町（仙石線）→塩釜（東北本線）→小牛田と乗り換えないといけません。制度上の分岐駅は東北本線松島なのですが、物理的に乗り換えることができませんので、誰もが塩釜まで行かされます。

地図を見てもらえばわかる通り、東北本線と仙石線は松島のすぐ南で接続して

仙石線の松島海岸から
東北本線の小牛田に行く場合

いるのですが、ホームがないため、松島〜塩釜間が区間外乗車となります。

そのほかは、右頁の表の通りです。なお、この制度は分岐駅に停車する列車でも適用します。

特定都区市内等における折返し乗車

①特定都区市内と東京山手線内発着の乗車券を持っている場合は、列車に乗り継ぐために当該エリア内で復乗となっても運賃は必要ないという規定です（旅規160条の3第1項）。たとえば有楽町からいったん東京に出て、東海道本線に乗り継ぐ場合に有楽町〜東京間が復乗になりますが、追加運賃は不要となります。このとき東京で途中下車する場合は、有楽町〜東京間の運賃が必要です。

そのほかに特定都区市内のエリアを出てもよいパターンとして三か所あります。
②横浜市内発着の乗車券で東海道本線鶴見と武蔵小杉間を往復する場合

羽沢横浜国大方面発着の場合に鶴見に列車が停まらないので、羽沢横浜国大→

第7章 乗るときのルール

特定の分岐区間に対する区間外乗車の特例一覧

無賃となる区間	旅規の号数	対象の発着駅	
日暮里〜東京間	1	東北本線（西日暮里方）	常磐線
日暮里〜上野間	2	東北本線（西日暮里方・尾久方）	常磐線
品川〜大崎間	3	東海道本線（西大井方）	東海道本線（高輪ゲートウェイ方）
鶴見〜武蔵小杉間	4	東海道本線　横浜以遠（保土ヶ谷方） 根岸線　横浜以遠（桜木町方）	羽沢横浜国大
新川崎〜武蔵小杉間	5	新川崎	羽沢横浜国大
鶴見〜横浜間、新子安〜横浜間、東神奈川〜横浜間、鶴見〜武蔵小杉間	6	鶴見・新子安・東神奈川・川崎以遠（蒲田方・尻手方）・国道以遠（鶴見小野方）・大口以遠（菊名方）	羽沢横浜国大
鶴見〜横浜間、新子安〜横浜間、東神奈川〜横浜間	7	鶴見・新子安・東神奈川・川崎以遠（蒲田方・尻手方）・国道以遠（鶴見小野方）・大口以遠（菊名方）	新川崎・西大井・武蔵小杉以遠（武蔵中原方・向河原方）
武蔵白石〜安善間	8	浜川崎以遠	大川
今宮〜新今宮間	9	大阪環状線（芦原橋方）	ＪＲ難波
松島〜塩釜間	10	東北本線（愛宕方）	仙石線
宇多津〜坂出間※	11	本四備讃線	予讃本線（丸亀方）

※坂出以遠（高松方）と児島以遠（岡山方）直通列車に限る

武蔵小杉→鶴見と乗車することが想定されています。この場合、武蔵小杉は横浜市内ではないので、飛び出してもよいという特例です。

③大阪市内発着の乗車券で塚本・尼崎・加島間を通過する場合

尼崎が大阪市内から外れるので、飛び出してもよいという特例です。加島→尼崎→東京などで乗車することを想定しています。

④大阪市内発着の乗車券で加美・久宝寺・新加美間を通過する場合

同様に大阪市内ではない久宝寺に飛び出してもよいという特例です。

分岐駅通過列車に対する区間外乗車

全国には、特急や快速が止まらないような駅が分岐駅になっている例が各所にあり、乗り継ぎのためにはみ出して乗車

しないといけない区間について運賃不要としています（旅規160条の4）。もちろん、少なくとも片方の列車が分岐駅（表の左側）を通過する場合でないと適用されません。

たとえば室蘭本線沼ノ端（特急は苫小牧乗り換え）、東海道本線金山（特急は名古屋乗り換え）などです。金山は東海道新幹線と東海道本線が同一とみなされるので、新幹線も金山を通過するという想定になります。

東京から中津川に行く場合を考えてみます。新幹線に乗って、名古屋で特急〔しなの〕に乗り換えると、金山と名古屋の間が重なってしまいます（金山〜名古屋間は東海道本線と中央本線も同一線路として取り扱います）。

この場合に、金山を通過する列車（通過する快速や普通も含む）を利用してい

東京から中津川に行く場合の概念図

ることと、途中下車しないことの条件をもって、はみ出した金山〜名古屋間の運賃は不要とすることが可能です。

しかし、名古屋で降りたい場合は、自分の意思で降りるのですから、金山〜名古屋間の運賃が必要になります。

最近では釧路と苫小牧ぐらいですが、昔は需要が多い駅に「復路専用乗車券」なるものが置いてありました。下車時に往復分の運賃を収受して、このような専用券を発行します。

本制度の該当箇所を表にまとめておきます。

大都市近郊区間内での区間外乗車

同じような目的で大都市近郊区間内で相互発着する乗車券の場合の規定も存在します（旅規160条の4第3項）。こちらは乗り継ぎの便宜を考えての規定なので、分岐駅を列車が通過するなどの要件は不要です。たとえば、上野から八王子に行

分岐駅通過列車に対する区間外乗車一覧

東釧路〜釧路間（根室本線）
新旭川〜旭川間（石北本線）
白石〜札幌間（函館本線）
桑園〜札幌間（函館本線）
沼ノ端〜苫小牧間（室蘭本線）
川部〜弘前間（奥羽本線）
追分〜秋田間（奥羽本線）
羽前千歳〜山形間（奥羽本線）
北山形〜山形間（奥羽本線）
安積永盛〜郡山間（東北本線）
余目〜酒田間（羽越本線）
宮内〜長岡間（信越本線）
宝積寺〜宇都宮間（東北本線）
神田〜東京間（東北本線・中央本線）
代々木〜新宿間（中央本線・山手線）
新前橋〜高崎間（上越線）
倉賀野〜高崎間（高崎線）
東神奈川〜横浜間（東海道本線）
塩尻〜松本間（篠ノ井線）
金山〜名古屋間（東海道本線・中央本線）
近江塩津〜敦賀間（北陸本線）
山科〜京都間（東海道本線）
大阪〜新大阪間（東海道本線）
尼崎〜大阪間（東海道本線）
東岡山〜岡山間（山陽本線）
倉敷〜岡山間（山陽本線）
備中神代〜新見間（伯備線）
伯耆大山〜米子間（山陰本線）
宇多津〜丸亀間（予讃線）
多度津〜丸亀間（予讃線）
池谷〜勝瑞間（高徳線）
佐古〜徳島間（高徳線）
佃〜阿波池田間（土讃線）
向井原〜伊予市間（予讃線）
北宇和島〜宇和島間（予讃線）
海田市〜広島間（山陽本線）
横川〜広島間（山陽本線）
幡生〜下関間（山陽本線）
西小倉〜小倉間（鹿児島本線）
吉塚〜博多間（鹿児島本線）
久保田〜佐賀間（長崎本線）
城野〜小倉間（日豊本線）
浦上〜長崎間（長崎本線）
宇土〜熊本間（鹿児島本線）
田吉〜南宮崎間（日南線）

く場合、神田で乗り換えずに東京から中央線の快速に乗っていくことが可能です。神田〜東京間が復乗になりますが、運賃

沼ノ端〜苫小牧間の復路専用乗車券

第7章 乗るときのルール

大都市近郊区間内での区間外乗車一覧

羽前千歳～山形間（奥羽本線）
北山形～山形間（奥羽本線）
宮内～長岡間（信越本線）
神田～東京間（東北本線）
代々木～新宿間（山手線）
新前橋～高崎間（上越線）
倉賀野～高崎間（高崎線）
東神奈川～横浜間（東海道本線）
塩尻～松本間（篠ノ井線）
山科～京都間（東海道本線）
新大阪～大阪間（東海道本線）
尼崎～大阪間（東海道本線）
西小倉～小倉間（鹿児島本線）
吉塚～博多間（鹿児島本線）
城野～小倉間（日豊本線）

特定の列車による折返し区間外乗車一覧

札幌～白石間（函館本線）	備中神代～新見間（伯備線）
川部～弘前間（奥羽本線）	宇多津～高松間（予讃線）
北山形～山形間（奥羽本線）	長門市～仙崎間（山陰本線）
宮内～長岡間（信越本線）	幡生～下関間（山陽本線）
日暮里～上野間（東北本線）	西小倉～門司港間（鹿児島本線）
金山～名古屋間（東海道本線・中央本線）	西小倉～小倉間（鹿児島本線）
倉敷～岡山間（山陽本線）	江北～肥前浜間（長崎本線）

不要ということです。該当箇所は上図の通りです。

特定の列車による折返し区間外乗車

　列車自体がそもそも区間外を折り返すため、当該区間の運賃を必要としないというものです（旅規160条の6）。列車は特急であっても普通であっても構いませんし、分岐駅に停車する列車であっても構いません。該当の区間は上図の通りです。

　いちばん多いケースは西小倉～小倉間です。博多から大分方面に向かう特急〔ソニック〕が小倉で折り返します。

山陽本線海田市～広島間にかかわる区間外乗車

　三原～広島間は、間の駅が発着駅もしくは接続駅となる経路の場合、旅規16条の2第2項で別線路として扱いますが（1-05［新幹線と並行在来線の関係］を参照）、呉線の矢野以遠と山陽本線三原以遠（糸崎方）の乗車で、新幹線を利用する際は（広島～東広島間を除く）、海田市と広島を無賃で往復できます（旅規160条の5）。

　要するに山陽本線と山陽新幹線を同一線路とみて、仮想の海田市を想定し、海田市と広島間の区間外乗車を認める規定です。海田市を新幹線が通過すると擬制し、分岐駅通過列車と同じような優遇措置としているわけです。

偕楽園駅を発着する場合の区間外乗車

　水戸の梅まつりにあわせて毎年、臨時に営業する常磐線偕楽園駅の例です。

　この駅は、上り線にはホームがないため、上野方面に行くには、一度水戸まで行ってから、反対方向の列車に乗ることになります。その際、偕楽園→上野の乗車券で乗ることが可能です。通達で区間外乗車を認めているからです。水戸方面から来た場合は偕楽園～赤塚間の区間外乗車を認めています。

偕楽園駅を発着する場合の区間外乗車

コラム column

たった1円のきっぷ

全線6キロ、運賃1円。1929（昭和4）年から1987（昭和62）年に、現在の兵庫県養父市に存在した小さな鉱山鉄道です。廃止時の正式名称は「明延鉱業株式会社明延鉱山専用鉄道」、通称は「明神電車軌道」といいました。一時期は部外者の金額が10円になったこともありますが、1985（昭和60）年の旅客運送廃止時点では、なんと1円です。同時期の国鉄が同じ距離で160円（幹線）なので、160倍の差があったわけです。というのも、本来の役割は鉱石の運搬に使われる鉱山鉄道で、便宜上、旅客運送も行っていただけだからです。

もともとは無料であったものの、旅客数をカウントするために運賃をとって乗車券を発行するようになったことから、1円の乗車券なるものが存在したのです。なお、たった1円であっても有償であることには変わりがないので、商法の定める旅客運送契約（589条）に該当します。

現在は、養父市立あけのべ自然学校（兵庫県養父市大屋町明延1184）において「一円電車体験乗車会」が催されており、この電車を体験することが可能です。

〈上〉運賃が10円時代のきっぷ
〈中〉運賃が1円時代のきっぷ
〈下〉三菱金属鉱業株式会社発行の1円時代のきっぷ

ありし日の明神電車軌道（写真提供：養父市）

第 8 章

乗っているときのルール

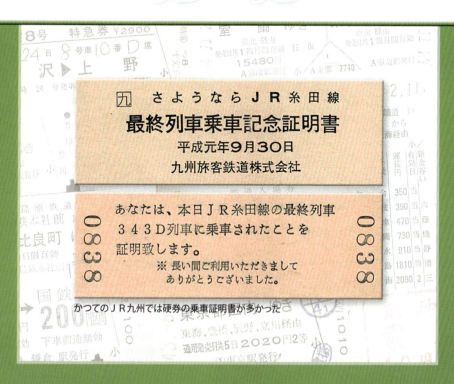

かつてのJR九州では硬券の乗車証明書が多かった

8-01 車内改札

車内改札の意味

最近は新型コロナ感染防止対策や車掌のタブレット端末で指定券情報が把握できることから車内改札も減っています。規則上は特に車内改札は必須というわけではなく、部署長などの判断です（基準規程240条）。

ICカードが登場する前の首都圏の快速などは、必ず行われていました。2、3名の車掌が1チームになって、ものすごい速さで車内改札をしたものです。手慣れているので、乗り越しの乗車券を作成するスピードも鮮やかなものでした。目的は着駅での乗り越し精算の簡素化と不正乗車の防止です。特に昔は定期券の乗車記録が入らなかったので、簡単に定期券を使って下車することができ、キセル乗車と呼ばれる中間無札が多かったのです。特急や急行列車の場合は、入鋏することで不正な払いもどしなどがされない

ようにする措置でした。

車内改札鋏

昔の乗車券には左下の写真のようにエンボスが入りました。右上の方に桜枠に「に」と入っているのが、車内改札の印です。

その印を入れたのは「車内改札鋏」あるいは「検札鋏」と呼ばれる専用の鋏です。1994（平成6）年あたりでスタンプに切り替わるまで使用されました。

そして、車内改札のスタンプですが、最近はビジュアルなものになっています。右頁上の写真は、左からJR北海道の在来線特急（札幌車掌所）、北海道新幹線（函館新幹線運輸所）、JR西日本の特急〔やくも〕専用印（米子車掌区）、JR西日本の一般的なタイプ（米子車掌区）です。こんなところにも日本人のハンコ好きが出ています。特急〔やくも〕の記念車内改札印などは、国鉄時代は考えられ

(左) 桜枠に「に」の車内改札の印が入ったきっぷ
(右) 智頭急行の車掌による車内改札印が押された、〔スーパーはくと〕の特急券

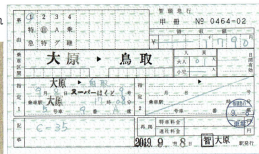

第8章　乗っているときのルール

車内改札のスタンプの例

なかった発想だと思います。

車内できっぷを買う

最近、都心の列車の車掌は、車内補充券発行機を持たなくなっています。ICカードが普及したことで、乗り越しなどが少なくなったことが要因です。ローカル線や特急の車掌はまだまだ車内できっぷを売ることが多く、忙しそうに動き回っています。

さて、車内で売るきっぷですが、基本的には駅と同じです。車掌のもっている車内補充券発行機は、あらゆる種類のきっぷが発行できる優れものです。国鉄時代とJR初期はこれを紙の車内補充券（1-02［性状による違い］を参照）で発行していました。特急や急行列車の車掌は、最多で3種類ものきっぷを巧みに使って、電卓だけで計算して発行したのですからすごいものです。

旅のコツという点では、在来線から新幹線に乗り換える場合や、新幹線に乗っていて乗り越しやその先の自由席特急券をあらかじめ購入しておきたいような場合に、車掌から購入しておくと、乗換駅で焦らずに済みます（6-05［ほかの駅からのきっぷは買えない原則］を参照）。あるいは着駅での精算の列に並ばなくてもよいという利点があります。

（上）三角形にYが野岩鉄道、菱形にトブが東武鉄道の車内改札の鋏痕（現在はスタンプ）
（左）1965（昭和40）年ころの東海道新幹線の車内検札風景
所蔵：交通新聞社

117

8-02

乗車後のトラブル

1 2 3 4 5 6 7 8 9 10 20 30

座席のトラブル

①席が重複していた・座席が壊れていた

いまでは少なくなりましたが、手売りで発行される料金専用補充券などを使った指定券などは電話で聞いてから転記するので、たまに間違いが起きました。あるいは、車両故障などで別の編成になった場合に席番が存在しなかったなども耳にします。

車掌は自分の裁量で融通できる調整席を持っている場合があるので、そちらやほかの空席に誘導されることになります。調整席や空席がない場合は、自由席に誘導して、「立席」の証明をしたうえで全額払いもどしとなります（基準規程370条2項）。その場合、過剰額は払いもどしとなり、不足額は徴収されません。

②自由席グリーン車が満席

首都圏を走っている快速のグリーン車は自由席なので、満席で座れないということがよくあります。この場合は、必ず乗務員に申告して「不使用証明書」をもらうか、不使用証明を券面にしてもらわないと払いもどしできなくなります（旅規290条の2）。列車ごとの状況が簡単に把握できないので、一律で乗務員の証明を要求しているわけです。

なお、グリーン車が連結されていない

場合も払いもどし処理をしてもらえますが（基準規程370条の3）、疑われる可能性もあるので、できるだけ車内で証明をもらった方がよいでしょう。

③途中から乗ったら自分の席が埋まっていた

指定された駅から乗車しなかった場合の特急券のケースです。空席の場合は車掌が別の旅客にその席を売ってしまう場合があります。この場合、旅規173条によると、「当該急行券に指定された座席を請求し、又は旅客車に乗車することができない」とあるので、完全に無効のようにも読めます。この条文は読みにくいのですが、指定駅から乗車せず、自分の席をほかの客にあてがわれてしまった場合を意味しますので、途中駅から乗車することは可能です。旅規172条で「乗車区間」という表現をしていることからもわかります。当該区間のどこで乗って、どこで降りてもよいという原則に沿っています。

なお、自分の席がすでにほかの方に割り当てられていた場合は、ほかの席に誘導されるか、車掌から「他客充当未使用」の証明をもらって払いもどしです（基準規程168条）。

有効期間内にたどり着けない

　ＪＲの場合は長距離にわたる乗車券もあるので、有効期間は距離に応じて長くなる仕組みになっています（1-09［有効期間］参照）。しかし、それでもたどり着けない場合があります。もちろん事故や災害、病気などの場合は延長申請可能ですが、自分に責任がある場合も救済規定があります。継続乗車制度とよばれるものです（旅規155条）。

　有効期間を経過した乗車券でも途中下車をしないで旅行を継続する場合は、券面着駅まで使用することが可能です。このとき終電が終わってしまう場合は、申告して一時的に駅を出してもらい（基準規程141条）、ホテルなどに泊まることになります。

　もっとも、残りが100キロを超えていれば、有効期間内に手数料を払って払いもどした方がいいかもしれません。

　また、手持ちの乗車券が当日限り有効である場合や発駅から100キロを超えた駅か大都市近郊区間をはずれた駅までに変更することで、有効期間を２日間にすることができる可能性があります（旅規246条2項・同249条2項1号）。これにより途中下車もできるので、払いもどすより安価で有意義かもしれません。

　なお、継続乗車制度はうっかりさんだけのためではありません。乗っている間に日付がかわってしまう午前様たちも、この制度の恩恵を受けています。０時前に乗車しても券面の着駅まで乗車できるからです。０時前に購入した乗車券で０時過ぎに乗車する場合は、最終列車までは有効です（基準規程346条）。

　ちなみにこの制度をつかった遊びが大回り乗車です（普通乗車券の場合は7-08［選択乗車区間での大回り乗車］を参照。ICカードの場合は10-04［ICカード乗車券で大回り乗車］を参照）。

時刻表には載っているが、降りる機会がない磐越西線（臨時）猪苗代湖畔駅

8-03
使用開始後の変更と払いもどし

区間変更は三種類

　一般の方には「乗越」という表現がいちばんわかりやすいでしょう。持っている乗車券の着駅をさらに先の駅まで延長して乗車したい場合に、駅の改札や車掌に申し出て、区間変更券という乗車券を発行してもらう場合です。このパターンがいちばん多いため、一般の方になじみがある買い方です。

　こういった変更は、運送契約のうち、発駅・着駅の運送区間を変更するから「区間変更」なのです。契約条件の一部変更です。変更後の券面は「乗車券」でも間違いではないのですが、識別するためにあえて「区間変更券」となっています。

　この区間変更の代表的な形態は全部で3つあります（旅規249条1項）。通称で、「乗越」「方向変更」「経路変更」と呼ばれます。

　事例で示します。

　「乗越」は、着駅又は営業キロを、当該着駅を超えた駅又は当該営業キロを超えた営業キロへの変更です。たとえば、名古屋市内→横浜市内までの乗車券で東京まで行く場合などです。横浜市内の端である川崎から東京までの運賃が必要です。

　「方向変更」は、着駅を、当該着駅と異なる方向の駅への変更です。たとえば、名古屋市内→横浜市内の乗車券で横浜に向かう予定が伊東になった場合に、熱海～伊東間と熱海～横浜間の運賃を比較します。このとき不足額は追加で支払う必要がありますが、過剰額は戻りません。これは、熱海～横浜間は100キロを超えておらず、熱海で払いもどしができないため、変更する意味があります。

　「経路変更」は東海道線経由の乗車券を御殿場線経由にするように、別の経路を通って終着駅に向かう場合です。この場合、御殿場線経由の沼津～国府津間の運賃と東海道本線経由の運賃を比較して差額を徴収します。過剰額は戻りません。

　なお、この場合に、最初にもっている

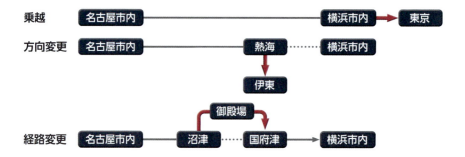

120

第8章　乗っているときのルール

乗車券（「原券」と言います）が100キロ以内であると、追加で徴収する運賃は発駅からの差額で計算します（発駅計算）（旅規249条2項1号ロ（ロ））。たとえば、名古屋→豊橋の乗車券をもっていて横浜市内に向かう場合です。大都市近郊区間内で相互発着となる乗車券を持っている場合も同様の処理をします（同（イ））。

往復乗車券・連続乗車券の片方の変更

これは可能です。往復乗車券や連続乗車券は片方を使い始めると、使用開始扱いになるので、乗車券類変更はできません。あとは払い戻すか区間変更を選択することとなります。従って、区間変更であれば、当該ルールに従って、着駅を変更することになります。発駅を変更したい場合は、払い戻すしかありません。また、使う順序は決まってないので、かえり券や連続2を使い終わっても、残った券片の変更や払い戻しは可能です。

任意の払いもどし

鉄道旅客運送については、乗車後の払いもどしはできないという規定を置いています（鉄道営業法16条、鉄道運輸規程14条3項）。民法における請負契約は自由に解除が可能なので、修正規定です。

しかし、旅規では274条において、さらに自由に解除可能という恩恵規定を置いています。「有効期間内であって、かつ、その現に使用している券片の乗車しない区間の営業キロが、100キロを超えると

き（乗車変更の取扱いをしたため100キロを超える場合を除く）」はすでに乗車済みの区間を差し引いて払いもどします。払いもどしが全くできないとするのは気の毒であるし、短距離しか残ってないにもかかわらず払いもどしを受けられるというのは事務処理の手間になるので、バランスをみて100キロを基準にしています。

これは大都市近郊区間であっても関係ありません。大都市近郊区間内相互発着の乗車券の場合は100キロを超える乗車券であっても1日間有効で途中下車前途無効ですが、制度が別なので、未乗車区間が100キロを超えていれば払いもどし可能です。誤って自動改札機に入れないよう注意が必要です。

なお、当該規定の「乗車変更の取扱いをしたため」というのは、乗越などをした結果として100キロを超える距離が残っている場合を意味しています。それは、すでに100キロ以下しか残っていないときに、払いもどしを期待して、残り100キロを超える駅まで乗り越しをするような制度本来の趣旨を逸脱した利用を防止するためです。

なお、往復乗車券と連続乗車券は100キロを超えてなくても、片方だけで払いもどし可能です（旅規274条2項、同271条）。

以上は乗車券の場合です。料金券などに使用開始後に旅客が任意で払いもどせる制度はありません。

121

コラム column

担ぎ屋さんのアイテムだった 定期手回り品切符

　定期入場券があれば、定期手回り品切符も存在しました。行商人用の定期券です。いまでは全国を見ても近畿日本鉄道（近鉄）の松阪と上本町間における行商専用車両ぐらいしか残ってないでしょう。むかしは全国に行商の方がいて、大きな荷物を担いで鉄道を使って移動していたのです。

　このうち、国鉄・JRでは、特定の行商人組合などの団体に限定して定期手回り品切符を発売していました。いわゆる担ぎ屋さんです。いまでも常磐線や成田線などの駅には、ホームの片隅に野菜などを運んでいた行商人用の担ぎ台を見ることができます。荷物を仮置きし、担ぎやすいように工夫されたベンチ様の台です。

　この定期手回り品切符の規定（旅規旧309条の2）はすでに廃止されています。トラック輸送がメインとなり、行商自体が下火になると同時に行商人専用車両もなくなり、定期手回り品切符もなくなってしまったのです。

　右下の写真が定期手回り品切符です。これと通勤定期乗車券と併用することで列車を使って大きな荷物を運んでいたのです。なお、通勤定期乗車券と同時に購入する場合は、その定期券に「定期手回り品切符共」と記載されたものが発行されました。

山陰本線841列車（長門市→下関）に連結されていた「通商人組合員乗車指定車」　1977（昭和52）年1月21日撮影　所蔵：交通新聞社

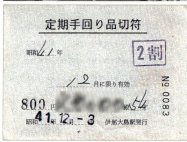

定期手回り品切符

第9章

降りるときの
ルール

1年に2日しか降りることのできない津島ノ宮駅の硬券乗車券(現在は車内補充券発行機で対応)

9-01
途中下車制度のしくみ

便利な途中下車制度

　1枚のきっぷで何度も乗り降りしたい場合は、フリーきっぷを使うことが一般的になっていますが、普通乗車券でも可能な制度です。旅規の用語で「途中下車」（旅規156条）といいます。改札がある駅は改札を出ることを示し、改札がないような駅員無配置駅では列車を降りることを意味します（基準規程240条）。

　普通乗車券は改札口を出てしまったら回収されるのでは？　と思うかもしれません。確かに券面に「下車前途無効」と表記されている乗車券はありますが、入ってない乗車券もあり、1枚で発駅と途中駅で何回でも出たり入ったりできる場合もあるのです。そうなると、余計な追加運賃を支払わずに旅ができるので、ずいぶんと安上がりになります。両方の事例を掲げておきます。

　「下車前途無効」と入っていない乗車券は、有効期間中に限り発駅と途中駅で後戻りしない限り乗り降り可能ですから、途中で宿泊するなどして旅ができます。

旅客運送契約上の根拠

　鉄道旅客運送契約の債権は、ある駅からある駅まで運んでもらうといった内容であり、途中駅で乗り降りすることは制限していないので、原則としては途中下車が自由となります。このことは鉄道運輸規程13条においても「乗車券ハ其ノ通用区間中何レノ部分ニ付テモ其ノ効力ヲ有ス」と確認規定が置かれていることからもわかります。

　しかし、あまりにも途中下車されると、有人改札の場合は手間もかかりますし、収入も減ってしまうので、一定の基準で制限をかけてきました。現在、ＪＲの場合に途中下車が制限されているのは100キロまでの乗車券や大都市近郊区間内で完結する乗車券などです。

途中下車制度の歴史

　1916（大正5）年までは、途中下車指

（左）「下車前途無効」の表記されたきっぷ
（右）「下車前途無効」と表記されていないきっぷ

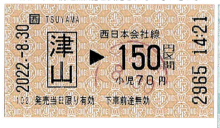

第9章 降りるときのルール

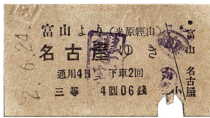

北陸本線富山から東海道本線名古屋までに、2駅だけしか途中下車できないことが表記された1927年の乗車券

東海道本線豊橋から豊川まで8.7キロで、間に4駅しかないのに途中下車が可能な1957年の乗車券

定駅のみで運用されてきました。たとえば、東京～沼津間では、川崎、横浜、大船、藤沢、大磯、国府津、御殿場です。

1916年以降は50キロ未満1回、300キロ未満2回、700キロ未満3回、1200キロ未満4回、1200キロ以上が5回で、5回が上限でした。

当時の乗車券を写真で確認してみます（1927［昭和2］年）。北陸本線富山から東海道本線名古屋までの乗車券で、芦原（旧三国線）と敦賀の途中下車印が押されています。この区間で2駅しか途中下車できないというのは、少し窮屈な印象です。

そして、1932（昭和7）年から原則として途中下車は自由となりました。その理由は、未指定駅の近辺の発展を阻害するといった請願が背景にありました。この時期が、途中下車制度をいちばん活用できたときです。また、実態としては、96％近い旅客が実際には途中下車をしないことから、遠距離逓減制による減収を懸念するほどではないと考えた様子もうかがえます。

この当時の乗車券を見てみましょう

（1957［昭和32］年）。東海道本線豊橋から豊川まで8.7キロで、間に4駅しかないのに、途中下車が可能となっています。券面に途中下車印があるので、この乗車券を使用した方は実際に途中下車したようです。

その後、20キロ、30キロ、50キロと徐々に制限距離が長くなり、現在は100キロまで途中下車前途無効で落ち着いています。

途中下車印

ＪＲや一部の民鉄では途中下車制度をもっていて、途中下車印と呼ばれる専用のハンコを用意しています。途中下車をした際に券面に押すことでその駅まで使用したことを示す役割です。これにより未使用区間を確定させて、不正な払いもどしなどを防止します。

左から、信越本線長野、日豊本線延岡、北陸本線西金沢の各途中下車印

9-02

JR以外の途中下車制度

民鉄の途中下車制度

最近は独自の途中下車制度を廃止している民鉄が多くなっています。いまのところ、残っているのはつぎの鉄道会社です。

●**100キロ超の乗車券で可能**：青い森鉄道・あいの風とやま鉄道

●**17キロ超の乗車券で可能**：西日本鉄道

●**距離制限なしで可能**：島原鉄道

そのほかは、駅を限定して許可している会津鉄道、一畑電車、高松琴平電鉄、伊予鉄道と、運用上認めている真岡鐵道（距離制限なし）があります。

このなかで三つの会社の乗車券を取り上げてみます。

・あいの風とやま鉄道

こちらは全線（倶利伽羅から市振まで）の営業キロが100.1キロですが、切り上げるため、運賃計算としては101キロとなり、かろうじて途中下車可能な乗車券となります（あいの風とやま鉄道・運送約款70条）。

当然ながら券面にも途中下車前途無効とは表記されず、有効期間も2日となります。しかし、倶利伽羅駅、市振駅とも単なる会社境界にある駅員無配置駅なので、この区間で乗車券を購入するような方はいないでしょう。こうなると、この規定にどれほどの意味があるのか不明です。おそらくＪＲの規則をそのまま複製して設けられたのではないでしょうか。思わぬところに国鉄からの歴史を感じます。

・西日本鉄道

西日本鉄道の途中下車可能な乗車券です（西日本鉄道・旅客及び荷物営業規則80条）。

17キロを超える区間の乗車券から「下車前途無効」の文言がはずれます。実際に小郡で途中下車してみたところ、駅員さんはなんの躊躇もなく途中下車印を押していました。駅の券売機横にも掲示

（左）あいの風とやま鉄道の途中下車可能な乗車券
（右）西日本鉄道の途中下車可能な乗車券

第9章　降りるときのルール

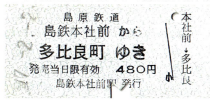

「下車前途無効」の文言のない島原鉄道の乗車券

があり、久留米の駅では普通に中年夫婦が途中下車を申し出ていたことから、地元の方にも活用されていることがよくわかりました。

・島原鉄道

最後に島原鉄道の乗車券です。

自社線内の乗車券にはどれも「下車前途無効」の文言はありません。国鉄の場合は戦後、20、30、50、100キロと少しずつ途中下車できない乗車券の距離制限を伸ばし、現在のＪＲでも同様の規定を維持していますが、島原鉄道は原初的な姿を残しているといえます。ある意味で、ＪＲ以上に歴史的な規定といえるでしょう。

JRバスの途中下車制度

バス路線で途中下車などといったものは想像もつかないと思います。もちろんフリーきっぷなどを利用した途中下車の制度は各所にあるのですが、普通乗車券で日常的に途中下車できるというのはかなり珍しい事例です。それが残っているのが、ＪＲ東名ハイウェイバスの東京駅〜名古屋駅間です（東京都内と名古屋市内の停留所を除きます）。

残っているというか、国鉄からＪＲに

なった途中までは東名豊川、東名舘山寺、東名日本平、東名御殿場で途中下車が可能としていたので、いまは拡大したという表現の方が適切です。

下写真の券面には「豊川降車　54便」と、運転手さんが記入した途中下車の記録があります。途中下車印の代わりです。

少しだけ規則の話に触れておきます。

「ジェイアール東海バス株式会社　一般乗合旅客自動車運送事業運送約款」によると、16条に途中下車の規定があり、「旅客の都合により乗車券面に表示された通用区間内で途中下車したときは、当該通用区間の全部について運送が終了したものとみなします。ただし、乗換えその他特に定める場合は、この限りでありません」とあるだけです。実は、この「特に定める場合」が、この途中下車制度の根拠であり、内部の通達に則しています。

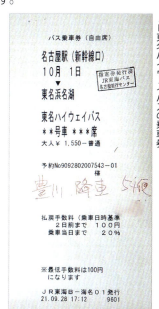

「豊川降車　54便」と途中下車の記録があるＪＲ東海ハイウェイバスの乗車券

127

JR・民鉄連絡乗車券の途中下車

9-03

民鉄でも途中下車できる乗車券

　JRと民鉄をまとめて買ってしまう連絡乗車券には、民鉄線内であっても、途中下車ができてしまうという隠れた制度があります。

　左下の写真の名古屋市内→伊豆仁田間の乗車券の表面には、伊豆箱根鉄道の大場で下車した証しとして途中下車印が押してあります。伊豆箱根鉄道に途中下車制度はありませんので不思議です。

　もうひとつの写真は肥薩おれんじ鉄道の乗車券で、裏面には「当社線区間内の各駅相互発着の乗車券として発行したものは、途中駅で下車したときは前途無効です」とあります。しかし、この乗車券は、経由を見てもらえばお分かりの通り、川内を通って鹿児島本線にひと駅だけ入った連絡乗車券で、下車前途無効の表示はありません。前述の途中下車自由の原則に基づいた乗車券です。

（左）伊豆箱根鉄道の大場で途中下車の記録があるJRの乗車券
（右）肥薩おれんじ鉄道の乗車券。連絡乗車券のため下車前途無効の表示はない

規則上の根拠

　まず、JR区間だけの乗車券で途中下車したいのであれば、JRの旅規が適用されて、基本的に100キロを超えた距離が必要です。しかし、両方をまたぐような乗車券となると、これに適用される規則が「連絡運輸規則」に切り替わります。

　そして、当該規則は、基本的に旅規を準用するような形になっていますので、途中下車についても旅規156条の類似規定が76条に置かれています。そうなると、100キロを超えると途中下車可能となり、距離の算定が乗車券の発駅から着駅となるのです。ただし、JR区間が大都市近郊区間の場合はできません。

　ここで、鉄道旅客運送契約を思い出してください。129頁の概念図の上段の購入方法だと、旅客とJR、旅客と伊豆箱根鉄道というふたつの運送契約が存在しますが、下段だと、旅客・JR・伊豆箱根鉄道という三者間契約となります。より正確には、下段の場合、JRと伊豆箱根鉄道が先に連絡運輸の契約を締結して

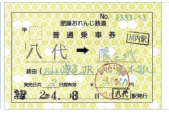

128

第9章　降りるときのルール

JR・民鉄連絡乗車券の概念図

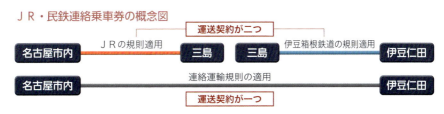

いたところに、第三者である旅客が加わって、三者間契約が成立するのです。名古屋駅で乗車券を購入した時点で自動的に伊豆箱根鉄道とも運送契約を結んだことになります。

それでも途中下車できない場合

上乗せして途中下車を制限している鉄道会社があります。連絡運輸規則76条の各号では途中下車ができない事例を挙げており、5号に「運送機関が特に途中下車できない駅を指定した場合は、その指定した駅」とあります。規制しているのは近畿日本鉄道、南海電気鉄道と福岡市交通局です。このうち南海電気鉄道は、規則にも明記されているうえ（南海電気鉄道・旅客営業規則99条補則）、実際に100キロを超えた乗車券としての発行が想定された特殊補充券の裏面には案内も記載されています。このように旅客にわかりやすい案内は消費者契約の視点からみて配慮のある対応だと思います。福岡市高速鉄道は福岡市高速鉄道連絡運輸規程19条の2第1項2号に明記されています。

連絡接続駅での途中下車

しかし、近郊区間にかかわる乗車券であっても、100キロまでの乗車券であっても、JRと民鉄の連絡駅では途中下車は可能です。旅客連絡運輸規則76条の柱書に「連絡接続駅を除く」と書かれているからです。

下の写真は常磐線勝田を出発し、水戸で乗り換えて鹿島臨海鉄道の大洗に至る乗車券です。100キロに収まっていますし、大都市近郊区間にも含まれていますので、券面の通り「途中下車前途無効」です。

しかし、水戸駅は接続駅なので、この無効規定が排除されて途中下車ができるという大原則に戻るわけです。もともと旅客と運送機関側の便宜で始まった制度なので、分けて購入したときに比べて不利にするわけにはいきませんから、そもそも降りることができる接続駅では、連絡乗車券であっても途中下車可能としているわけです。

「下車前途無効」の表示がある連絡乗車券だが、JRと鹿島臨海鉄道の接続駅である水戸では途中下車可能

9-04

きっぷの持ち帰り

1 2 3 4 5 6 7 8 9 10 20 30

きっぷ持ち帰りの歴史

　最近は、ＪＲはじめ全国の鉄道で使用済みのきっぷがもらえるようになっていますが（手書きの補充券は回収されることが多いです）、このような運用になったのは、ここ15年ぐらいのことです。以前は厳格に回収されていました。「青春18きっぷ」をもって終電でおりたときに、記念にほしいと申し出ても、終電だからと言われて回収された話を耳にしたことがあります。

　まず規定を確認しておきますと、使い終わったきっぷは、引き渡す義務がありますので（旅規229条）、厳密にいうと、何らかの正当な事情で手元に残ったとしても、効力を失っていたら渡さないといけないのです。たとえば、往復乗車券で帰りを使わなかった場合や期限切れの定期乗車券などの手元に残ったきっぷです。「青春18きっぷ」などのフリーきっぷでも本来は渡さないといけないのです。ただし、この規定に罰則はありません。

　他方で、下車する際に渡すべききっぷを頑なに拒んだ場合は、鉄道運輸規程の定めに沿って「割増賃金」を支払うことになっています（鉄道営業法18条）。そしてその割増賃金は、当該乗車券を渡すべき旅客が乗車した区間の相当運賃とそ

の2倍以内の増運賃となります（鉄道運輸規程19条）。これに対応した規定が旅規264条1項4号にあります。従って、集札の際に拒んだ場合は、乗車駅からの運賃の3倍の運賃を徴収されることとなります。

　国鉄時代末期からＪＲ初期にかけてのわたくしの経験でも、ほとんどきっぷをもらえることはなかったので、途中下車などを利用して未乗車区間を残すか、定期券で下車して手に入れることにしていました。思い返すと、あらゆる駅で拒否されて、かなり厳格に運用されていたような記憶が残っています。

　種村直樹『最新　鉄道旅行術』（ＪＴＢ、1997）291頁によると、無効印を消して不正使用した事例や国鉄職員が着札を不正使用した事例などが重なって、国鉄末期に厳しくなったようです。さかのぼると、このような厳格な運用になったのは、1980年代ぐらいだろうと思います。

　手持ちの乗車券で確認すると、1981（昭和56）年の物に「使用ずみ」の専用ゴム印が存在するので、このあたりまでは記念目的で持ち帰ることができたのでしょう。その後は、1980年代後半、1990年代、2000年代ともわたくし自身が様々な駅で実際に断られているので、あ

第9章　降りるときのルール

る程度正しいと思います。

乗車記念印

現在、きっぷがもらえる場合は、「無効」や「乗車記念」といったハンコが押されて、磁気券の場合は自動改札機を通れないように孔があけられます。

事例をふたつ挙げておきます。

仙台の無効印タイプが国鉄時代から伝統的に用いられてきましたが、本来は廃札などの場合（ミスなどで発売しない券を返納する場合などに使用）に券面に押すことが目的のハンコであり、旅客に記念に渡すきっぷに押すものではありません。そもそも旅規上はきっぷを旅客に渡すことは想定されてないので、無効印を押すことはおかしいのですが、現場での慣例で用いられてきました。

その無効印、というより記念お持ち帰り印というのが正確かもしれませんが、随分と進化をしています。JR東日本の東京駅では駅舎のイラストが入った乗車記念印が用意されています。このようなハンコを押してもらい、乗車券を持ち帰ったら旅の記念になるのではないでしょうか。あるいは、出張申請で乗車券の写真を必要としている場合は、本物を持ち帰って経費精算書に貼り付けたらよいのではないでしょうか。

40年以上前からきっぷの持ち帰りを許していた富士急行（現・富士山麓電気鉄道）のハンコ

新大阪駅の「使用ずみ」の専用ゴム印
（1981［昭和56］年）

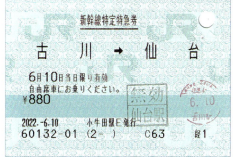

仙台駅ではきっぷに「無効」の文字が押される

東京駅では駅舎のイラストが入った乗車記念印が押される

9-05 遅延

遅延証明書の根拠

　利用者が多い駅では、列車が遅れた場合に遅延証明書が発行されます。利用者が少ない駅ではあらかじめ用意してないかもしれません。しかし、研修や仕事で提出しないといけない場合は、頼んでみてください。基準規程上は374条で発行義務があるので、所定の遅延証明書がなくても、ほかの書面などで代用してくれるはずです。

　写真は国鉄時代から続く代表的な遅延証明書の例です。まわりを改札鋏で切ることで遅延時間を示すようにできています。現在はレシート状の感熱紙が多くなっています。

ウェブ上の遅延証明書

　最近では、ウェブ上で表示して印刷できるようにしている場合もあるので、確認するとよいでしょう。

遅延証明書の役割

　この証明書で鉄道会社が何かをしてくれるわけではありません。この証明書を勤め先や研修先、試験主催団体などに提出して救済措置を認めてもらう場合に使うのです。就業規則などで公共交通機関の遅延が原因となる遅刻は、労務管理上の遅刻としない旨が明記されていることがあるからです。研修や検定試験でもこのような救済措置が認められていることがあります。

代表的な遅延証明書の例

ウェブ上の遅延証明書の例

9-06 誤乗

無賃送還の手続き

うっかり乗り過ごした場合や別の列車に乗ってしまった場合に、目的の駅に戻ることができる温情規定があります（旅規291条・旅規292条）。ただし、勝手にやっていいわけではありません。駅員や車掌に申告して認められた場合です。都心の駅では、「そのまま戻っていいよ」と言われることがありますが、原則は券面に「無賃送還」の証明（誤乗と記入）を受けることになります。

また、誤って乗った場合に、別の経路の方が目的の駅に早く着く場合は、その経路で許可される場合があります（基準規程375条2項）。たとえば、富良野から根室本線経由の乗車券で札幌に行くときに、誤って富良野線に乗ってしまい、旭川に着いてしまった場合です。明らかに函館本線で向かう方が早いので、そちらで向かうように勧められるはずです。

なお、グリーン車に乗っていた場合は、グリーン車で戻ることも許される可能性があるので（旅規292条1項1号但書）、相談してみてください。

また、最近の列車が特急や急行の場合は、特急券や急行券を購入することで乗車できる場合があります（基準規程375条3項）。

誤乗にはあたらない場合

大都市近郊区間については、誤って乗ってしまったとしても、別のルートでそのまま目的の駅まで行くのであれば、誤乗ではありません。7-06［選択乗車のしくみ1］で述べたように、発駅を出ても当該エリアに収まっていて、ひと筆書きの経路になっていれば、事実上、経路を変更しても構わないからです。同様に、ICカードも誤乗の申告は不要です。

きっぷの裏面に「誤乗」を証明した例。「レチ」は車掌を意味する

別の経路で無賃送還される例

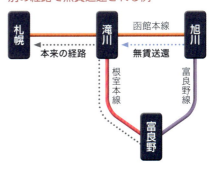

9-07 紛失再発行と再収受証明

領収書はきっぷではない

よくある勘違いクレームは、「領収書があるのだから、きっぷがなくても乗らせろ」というものです。確かに口頭で運送契約が成立することもあり、そのことを推認させる証拠として領収書は役に立つものです。

ただし、それは約款などが関与しない場面でのことです。鉄道の場合は、鉄道営業法15条（旅規は13条1項）に乗車券を所持しなければ乗車できないことが明記されていますから、きっぷを買った証明はできても、運んでくれという運送債権は主張できません。それに、払いもどしした場合にも領収書を持ったままですから、常識で考えても無理です。領収書というのは支払いを受けたという受取書を意味するだけです（民法486条）。

紛失再発行と再収受証明の手続き

まず乗る前ですが、単に買い直すのではなく、紛失を理由とした再発行の手続きを行います（基準規程314条）。そして、紛失で再発行されたきっぷを使ってひとまず旅行し、到着駅で再収受証明をしてもらい、その証明書を持ち帰るわけです（基準規程268条2項）。車内や途中駅でなくした場合も同じように紛失再発行の手続きを行い、到着駅で再収受証明に引き換えます。現在は、再発行の乗車券に再収受証明のゴム印を押す例が多くなっています。

もちろん単になくしましたという申告

紛失再発行と再収受証明の手続きの概略図

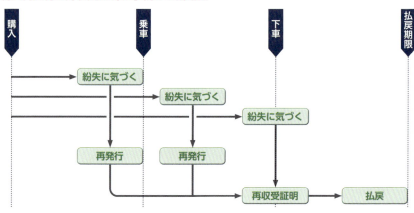

第9章 降りるときのルール

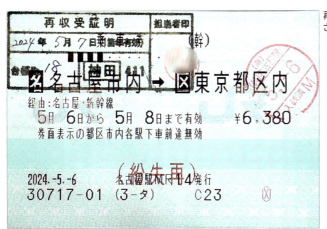

再収受証明のゴム印が押された再発行の乗車券

では不正客を逃してしまうので、係員が「紛失した事実を認定することができるとき」（旅規268条1項）に限ってこのような措置となります。認定できないときは3倍の運賃を徴収されます。

　そして、認定された場合は、当該区間の運賃や料金を再度支払い、再収受証明を受け取って改札を後にすることになります。これは1年間有効で、1年以内になくしたきっぷとこの再収受証明を一緒に提出すれば、手数料を控除されて払いもどされます。

　日本のほとんどの鉄道会社には、この制度があります（要手数料）。

ICカードの場合

　なお、ICカードの場合は、ICカード自体の再発行となりますが（JR東日本ICカード乗車券取扱規則16条）、Suica特別車両券（グリーン券）として利用してい

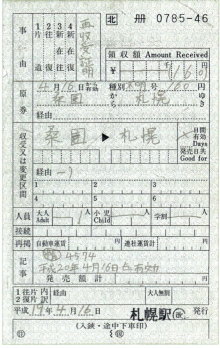

改札補充券で発行された再収受証明（JR北海道）

た場合は本条が準用されるので（同規則53条）、再収受証明を受ける形です。

135

コラム column

そばを食べると きっぷが無効になる？

　一度改札を入ったあとで、お土産やお弁当を買いたくなって駅員さんの好意で出させてもらった方もいると思います。たしかに駅員さんの好意でもあるのですが、基準規程145条（一時出場）できちんと規定されています。ほかには接続駅で駅の設備、接続関係等で改札外に出る場合などで認められる可能性があります。コンビニや駅のデパートなどに行く場合から、空調の効いている待合室などで待つ場合などの比較的短時間で済むような用事を想定しています。

　さて、タイトルにある「そばを食べる」というのは、中央本線の塩尻駅のことです。あの駅は改札内と改札外の両方にそば屋のカウンターがあるのですが、改札内の方は一度にふたりしか利用できないので、満員のときは改札外にまわってよいのです。駅も公式に認めています。これを制度面から裏付けるのが一時出場の制度です。入口からすでに異様なので、レイルファンの名所でもあります。

　民鉄ではあいの風とやま鉄道の泊駅で一時出場を認めています。この駅はトイレが改札外にありますし、待合室におしゃれなカフェがありますので、JRに準じて一時出場を認めています。

　接続のためというのは新幹線の新花巻や新鳥栖、三河安城のように改札が離れているような駅です。新幹線と在来線の乗り換えのため改札の外に出ないといけないのですが、途中下車としてはカウントしません。

　ちなみに、もともと途中下車可能な乗車券の場合は、出発駅も含めて途中下車の権利がありますので、駅員の好意ではなく、正当な権利行使という理解にもなります。この場合は、短時間の出場ではなく、有効期間内であれば、戻るのが後日になっても構いません。

非常に狭い、改札内にあるそば屋の入り口（中央本線塩尻駅）

第 10 章

ICカード・ネットで買う
きっぷ・タッチ決済

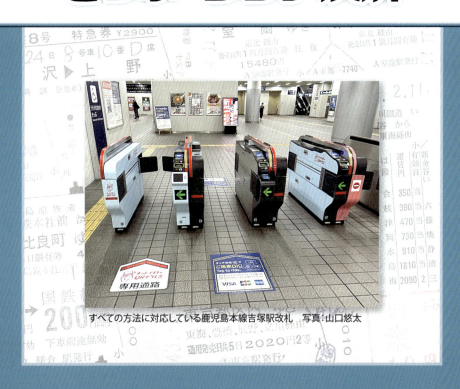

すべての方法に対応している鹿児島本線吉塚駅改札　写真：山口悠太

10-01

ICカード乗車券のしくみ

1 2 3 4 5 6 7 8 9 10 20 30

ICカード乗車券の基本構造

ICカードというハイテクなツールが用いられていますが、基本に立ちかえると紙の乗車券と同じです。その根本には旅客運送契約が存在します。「運んでくれ」と「運びます」の合意が成立して、実際に旅客運送契約が成立し、その証として、紙の乗車券の代わりにICカードが用いられるだけです。しかし、ICというシステムの関係から四段階に分かれます（ただし、定期券、グリーン券、企画乗車券は購入時に個別の運送契約が決まります）。

まず、契約の成立はICカードを交付したときなので（ＪＲ東日本・IC規則カー

ド乗車券取扱規則4条。本章では本規則を「IC規則」と略します）、この点は紙の乗車券と同じです。しかし、具体的な区間や期日は定まっていませんので、一定の範囲での包括的な運送契約が締結されたという理解になります。しかもICカードを利用するためのデポジット（保証金）を支払っただけなので、これでは実際に乗ることはできません。現金をチャージする必要があります。要するに概算金額の前払いが必要ということです。

そして、実際に利用する際に自動改札機にタッチしたところで個別の運送契約が決まるとともに運送債権の行使も始まります（IC規則20条）。ただ、そのときもまだ着駅が決まっていません。着駅の自動改札機にタッチしたときに最終的な運送契約の条件が確定したと同時に契約の履行が完了したことになります。

紙の乗車券の場合は、運送区間と運送期日の確定と支払いまでのすべてが乗車前に完了します。逆に、ICカードのように徐々に契約条件が決まっていくという

ICカード乗車券ひとつ、ＪＲ東日本のSuica
＊Suicaは東日本旅客鉄道株式会社の登録商標です

ICカード乗車券の利用方法		
ICカード借用または購入デポジット	・・・	基本契約締結 保証金（デポジット）預け入れ
チャージする	・・・	前受金の支払い
発駅でタッチ	・・・	個別契約締結（ただし、運送区間は未確定の状態）
着駅でタッチ	・・・	個別契約の条件（運送区間）が確定すると同時に履行完了

138

ことは、紙の乗車券のように区間変更という処理が論理的に生じる余地がありません。乗車した後にエリア内で着駅を変更しようとしたら、申告などは不要で、そのまま向かえばいいだけなのです（ただし、経路は接触しないようにしてください。）。

つぎに、ICカードの所有権ですが、運送機関側に帰属します。ＪＲ東日本の場合、IC規則5条1項で貸与するものであること、2項で所有権の帰属がＪＲ東日本にあることが明記されています。ほかのＪＲの規則も同様です。この点も紙の乗車券と同じです。紙の乗車券の場合は明確にされていませんが、最終的に無効となったきっぷを返還する義務があること

から、所有権は鉄道会社にあり、乗車券は表章する紙片として貸与しているだけと考えられます。ただ、ICカードのように、物自体の使用後の有価性がほとんどないので、特に明記してないのでしょう。

紙の乗車券との比較

それでは制度上の特徴をいくつか確認してみます。100キロを超える乗車券や大都市近郊区間をはずれた乗車券との比較はあまり意味がないので、はずしています。

このようにみると、紛失リスクが圧倒的に低いことが際立ちます。ただし、無記名式のICカードの残額保証はありません。

ICカード乗車券と紙の乗車券との比較

		紙の乗車券 （100キロ以内・ 大都市近郊区間相互発着）	ＩＣカード乗車券	ＪＲ東日本 ＩＣカード乗車 券取扱規則
運賃計算		旅客の申告経路 （運用上は最低廉経路で行う）	取扱区間内で最も低廉となる経路	28条〜38条
乗車経路	形態	片道・往復・連続可	片道のみ	40条1号、2号
	環状線1周経路	可	不可	
	6の字経路	可	不可	
	選択乗車	可		
途中下車		不可		40条3号
有効期間		当日		20条4号
任意の払いもどし（乗車前）		可能（要手数料）		15条
任意の払いもどし（乗車後）		100キロを超えている場合は 可能（要手数料）		
紛失時	使用停止措置	不可能	翌日の営業開始日までに停止措置	16条
	再発行	再度同じ金額で購入する必要	手数料とデポジット代で再発行可能 停止措置時の残額保証あり	
	発見後	払いもどし可能（要手数料）	発見されたICカードは使用不可	
運行 不能時 の対応	払いもどし	可		
	有効期間の延長	可		
	無賃送還	可（途中まで送還の場合はその中止駅までの運賃は必要）		56条2項1号、 同2号
	他経路乗車	可		
	別途旅行	可	別途旅行区間の開始駅までの 運賃が必要	56条2項3号

10-02

ICカードのオプション機能

1 2 3 4 5 6 7 8 9 10 20 30

　ICカードは、基本的に乗車券の代替物ですが、いくつかのオプション機能があります。

①定期券機能　同じカードに定期券機能を載せることが可能です。

②グリーン券の機能　東京圏の主要幹線には、普通や快速にグリーン車の連結された列車が走っています。もちろん紙のグリーン券でも乗車可能なのですが、ICカードも使えます。券売機やホームにある「グリーン券専用」と書かれた機器でグリーン券情報を書き込み、席に座ったら天井に着いているセンサにタッチして在席表示にすれば、車内改札が省略される仕組みです。

③企画乗車券としての機能　「都区内パス」や「東京フリーきっぷ」などの限定されたものでしか対応していませんが、今後は広がっていくでしょう。

④特急券としての機能　同じカードに特急券としての機能も持たせる場合です。おもに新幹線が利用対象です。

⑤入場券としての機能　普通入場券と同様に2時間以内の入場が可能ですが、普通入場券のように購入してから2時間ではないという点で少しだけ有利です。

⑥スマホ等で利用できるモバイル機能
現在のところＪＲ東日本とＪＲ西日本が対応しています。

ICカード乗車券と紙の乗車券との比較

	北海道	東日本	東海	西日本	九州
電子マネー	●	●	●	●	●
定期乗車券としての機能	Kitaka定期乗車券	Suica定期乗車券	TOICA定期券	ICOCA定期券	SUGOCA定期券
自由席グリーン券（特別車両券）としての機能	Suica特別車両券として利用可能（JR東日本エリア）	Suica特別車両券	Suica特別車両券として利用可能（JR東日本エリア）	－	－
企画乗車券としての機能	－	Suica企画乗車券	－	－	－
特急券としての機能	－	新幹線自由席SF乗車サービス（タッチでGo!新幹線）	「TOICA定期券」での新幹線乗車サービス	新幹線eチケットサービス（北陸新幹線）北陸乗継チケットレス（北陸新幹線＋サンダーバード）	－
入場券としての機能	－	Suica入場サービス	－	－	－
モバイル	－	モバイルSuica	－	モバイルICOCA	－

10-03 エリア外に行く場合

エリア外での精算

エリア外に行く場合は、紙の乗車券を購入して行くのが基本です。着駅に精算機があれば処理してもらえますが、そうでない場合は証明書をもらって、後日、エリア内の駅で処理してもらう必要が出てきます。

エリアの境界付近での利用

ＪＲ東日本とＪＲ東海の境界付近の事例を確認します。

写真は東京方面からきて、ＪＲ東海エリアの最初の駅にあたる東海道本線函南駅の掲示です。函南から沼津を経由して御殿場線松田などに行く場合ですが、どちらもICカードを使わずにきっぷを購入してほしい旨が書かれています。

国府津まわりだとSuicaエリアになるのでTOICAは使えないというのは当然です。こういった境界駅だと連絡改札を設けていて、いったん精算処理をするのですが、直通列車などもあり、できないのが現実なのでしょう。

沼津まわりの理由は、下車駅で経路の過誤を防止する意味です。国府津まわりで松田まで到着した旅客から沼津まわりの高額な運賃を精算してしまうと取り過ぎになってしまうからです。ICカードで来た場合は、有人改札にまわるように案内されます。

このように、ＪＲ各社ごとにICカードの制度があるため境界付近ではかなり複雑な様相を呈しています。連絡改札のない区間では、あらかじめ紙の乗車券を買った方がよさそうです。

ICカードを使わずにきっぷを購入してほしいと表示される函南駅の掲示

JR東日本とJR東海の境界付近の事例

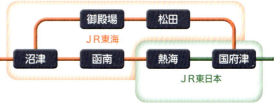

10-04

ICカード乗車券で大回り乗車

| 1 | 2 | 3 | 4 | 5 | 6 | 7 | 8 | 9 | 10 | 20 | 30 |

ICカード乗車券での選択乗車

　大都市近郊区間内を紙の乗車券を使って乗る際は、どの経路で着駅に向かっても良いという選択乗車制があることは7-08［選択乗車区間での大回り乗車］の通りですが、ICカードも同じような現象が生じます。というのも、10-01［ICカード乗車券のしくみ］の表で示したようにICカードの場合は、最も低廉となる経路で運賃計算するものの、実際に乗車する経路はICカードエリア内であれば自由に選べるからです（IC規則40条2号）。

ICカード乗車券での継続乗車

　乗車券と同様に大晦日と元旦の終夜運転時は、継続乗車制を有効活用することで2日間をフルに使えるので、毎年、挑戦者が散見されます。その根拠は、旅規155条です。IC規則は2条5項で「この規則に定めてない事項については別に定めるものによる」としており、この「別に定めるもの」のひとつに旅規が該当します。したがって、0時前に改札を入っておけば、0時を過ぎても目的の駅まで乗車できるので、紙の乗車券と同様に目的としている着駅まで乗車可能というからくりです。

　そして、元旦に突入しても終電まで列車は走り続けているので、元旦の終電が終わって駅が閉まるまではICカードを使い続けることが可能です。

紙の乗車券との違い

　このお遊びを制度上で見た場合、紙の乗車券とは違う点をまとめておきます。

①エリアが一致しない場合があるので、ICカードのエリアをもとにして経路を導き出す必要があります。

②ICカードの場合は1周経路をとることができないので、発駅と着駅は同じにできません。6の字経路もとることができません。

③東海道新幹線の京都〜新大阪および西明石〜相生間は大都市近郊区間に含まれていますが、ICカードエリア（JR西日本のICOCAエリア）には含まれていませんので、利用できません。

④JR西日本のICOCAは、入場駅から出場駅までの最短経路で200キロを超える場合は利用できないので、注意が必要です（例外あり）。

⑤浜川崎駅（駅員無配置駅）で南武線と鶴見線を乗り換える場合に、ICカード簡易改札機にはタッチせずそのまま乗り換える必要があります。無人駅で、自動改札はなく、ICの簡易改札機があるだけです。

10-05

ネットで買うきっぷ

| 1 | 2 | 3 | 4 | 5 | 6 | 7 | 8 | 9 | 10 | 20 | 30 |

JR各社の制度比較

ネットで購入するきっぷの場合は、JR北海道とJR東日本、JR東海、JR西日本とJR四国、JR九州の4カテゴリで理解するのがよいでしょう。さっそく表にしてみます。

ざっと見渡すと、「えきねっと」と「e5489」の多機能さと、「エクスプレス予約」と「スマートEX」の割引率が目を引くこところです。

「えきねっと」の契約関係

「えきねっと」を事例にして契約手続

きの流れを確認します。この項目に関してはJR東日本の「JR券申込サービスに関する規約」（この項目内では「本規約」と略します。）と旅規の関係が問題となります。

予約をして支払いが終わっても、運送契約まで至っておらず、きっぷを購入する契約が成立しているだけとなります（本規約6条1項）。いわばきっぷを購入する権利を手に入れたようなものです。その権利を行使することで、第2段階の運送契約が成立するという構成になっています（本規約6条2項）。一見すると、支払い時に運送契約が成立し、きっぷの受

ネットで購入するきっぷのJR各社の制度比較

	北海道・東日本	東海・西日本・九州		西日本・四国	九州
サービス名	えきねっと（運営主体は東日本）	エクスプレス予約	スマートEX	e5489（運営主体は西日本）	ネット予約
会員制の有無	非会員制	会員制	非会員制	非会員制	非会員制
利用範囲	全国	東海道・山陽・九州新幹線		JR西日本・JR四国・JR九州・JR東海エリア	東海道・山陽新幹線とJR九州およびJR西日本の特急券
きっぷ	紙のきっぷ・交通系ICカード・モバイル	紙のきっぷ・専用ICカード・交通系ICカード	紙のきっぷ・交通系ICカード・モバイル	紙のきっぷ・交通系ICカード	紙のきっぷ
割引制度	なし	会員価格	早割制度あり	なし	早割制度あり
事前購入	1か月前	1年前		1か月前	1か月前
適用規則	JR東日本えきねっと利用規約	JR東海・JR西日本・JR九州エクスプレス予約サービス会員規約	JR東海・JR西日本・JR九州スマートEXサービス会員規約	JR西日本ネット予約（e5489）に関する規約	JR九州インターネット列車予約サービス利用規約

143

「えきねっと」の契約手続きの流れ

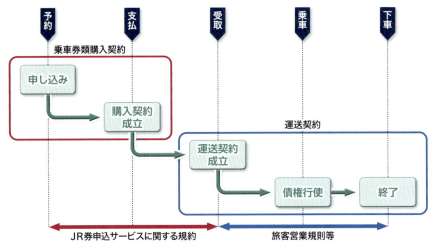

け取りは単なる事務手続きかと思いきや、運送契約の重要な要件となっているわけです。

いくつか重要な事項をみていきます。

①**変更**

乗車前まで1回の変更なので（本規約9条）、紙のきっぷと同じです。

②**払いもどし**

旅規所定の方法で行うこととなっており、紙のきっぷと同じです（本規約8条）。

③**運行不能時の処理**

11-10［ネットで買ったきっぷにおける救済］を参照ください。

「えきねっと」以外の契約成立時期

まず「エクスプレス予約」と「スマートEX」の契約成立時期です。旅客の申込みに対する承諾通知で運送契約成立となりますが、同時にクレジットカードでの決済となるので、事実上、契約締結と同時に支払いとなります（エクスプレス予約サービスに関する特約8条、スマートEXサービス会員規約14条）。

つぎに、「e5489」の場合、クレジットカード支払いはエクスプレス予約サービス・スマートEXサービスと同じです。コンビニエンスストア等での支払いを選択した場合、支払いまでは予約の扱いです。駅で支払う場合も、支払ったうえで、きっぷを受け取るまでは予約の扱いです（ＪＲ西日本ネット予約［e5489］に関する規約10条）。

ＪＲ九州も同様となります（ＪＲ九州インターネット列車予約サービス利用規約12条）。

10-06 タッチ決済

利用方法はICカードとそっくりな仕組みです。タッチ決済機能付きのクレジットカードを用いて自動改札機に乗車時と下車時にタッチするだけです。運賃はクレジットカードを通じた決済となるのでICカードのように事前のチャージは不要な仕組みです。現在、鉄道会社では、東急電鉄やJR九州などで試験的にスタートしています。

ここではJR九州のICカードであるSUGOCAの規則（ICカード乗車券取扱規則）とタッチ決済の規則（タッチ決済乗車取扱規則）を用いて、特徴だけ確認しておきます。

クレジットカードを通じた決済であることから、鉄道会社としてはカード会社の信用保証を前提としています。したがって、事前の基本契約などは必要なく、乗車時に都度、運送契約が決まるという形です。もちろん乗車した際は下車駅が未確定な状態です。客観的には下車駅の自動改札機にタッチしたところで運送区間がすべて確定し、同時に決済も完了することになります。

SUGOCAの規則とタッチ決済の規則の特徴

	ICカード乗車券 （JR九州・ICカード乗車券取扱規則）	タッチ決済 （JR九州・タッチ決済乗車取扱規則）
契約成立時期 （包括契約）	SUGOCA交付時（4条）	乗車時の 自動改札機等による 改札通過時（6条）
契約成立時期 （個別契約） ※着駅は未確定	入場時の自動改札機通過時 （16条1項）	
着駅の確定	出場時の自動改札機通過時 （24条1項）	（14条1項）
運賃計算	入場駅・出場駅間のもっとも低廉となる距離で計算 （24条2項）	（10条2項）
有効期間	入場後当日限り （25条5号）	（12条2項）
途中下車	不可 （25条4号）	（12条3項）
運行不能時の無賃送還	可 （37条1号）	（15条1号）
運行不能時別途旅行	発駅・中止駅間の運賃を減額 （37条2号）	（15条2号）

タッチ決済が可能なことを示すクレジットカード上のマーク

タッチ決済の読み取り部
（吉塚駅）　写真：山口悠太

コラム column

QRコード乗車券の将来

　2024（令和6）年5月、JR東日本をはじめ関東の鉄道会社8社が磁気乗車券からQRコードを使用した乗車券に移行する計画を発表しました。これは、乗車券の磁気部分を紙と分離するための費用や自動改札機のメンテナンス費用を軽減させることが目的です。1970年代からスタートした磁気乗車券もいよいよ終焉に向かっているようです。

　この方式を規則面から見ると、実はそれほど大きな変化ではありません。自動改札機が読み取る手段が磁気からQRコードに替わるだけだからです。紙の乗車券に印刷されたQRコードかモバイル端末に表示されたQRコードを経由して自動改札機が認識するだけの仕組みです。

　ひとまず2024年10月スタートの「えきねっとQチケ」（JR東日本）から特徴を確認してみます。

・自動改札機のない駅の場合、端末の位置情報を使ったセルフチェックインとセルフチェックアウトで行うようになっていて、改札を通過したことと同じような機能にしています。
・途中下車は紙の乗車券と同じルールになっています。
・当初購入している乗車券の区間を外れる場合は、「買い足し券」を購入することになっています。運賃はすべて打切計算です。区間変更の考え方を用いると、別途片道ということができます。

　今後、各社が同じようなシステムを発表するはずですので、どのようなルールにするのか注目されます。

スマートフォンに表示させたQR乗車券（仙山線面白山高原→奥新川）

146

第11章

列車が止まった ときのルール

No 7336

振替乗車票

区分　大人・小児

乗車駅　宮古　茂市　陸中川井
　　　　川内　区界　盛岡

降車駅　盛岡　区界　平津戸　川内
　　　　陸中川井　茂市　蟇目
　　　　花原市　千徳　宮古

【経由　106 急行（岩手県北バス）】

・106急行のバス停はJRの駅もより停留所となります。
・途中下車されると前途無効となります。
・発行当日に限り有効です。
・振替乗車票の払いもどしはできません。
・106スーパー特急はご利用できません。

東日本旅客鉄道株式会社

平成　28 年 11 月 20 日　　盛岡駅

山田線が不通の際に発行された振替乗車票

11-01

事故・災害・車両故障時などの救済メニュー

`1 2 3 4 5 6 7 8 9 10 20 30`

救済規定の全体像

遅延や運行不能となった場合、ＪＲの旅規には民鉄と違ってずいぶんと豊富な救済メニューがそろっています。これは、日本における陸上の中長距離移動の手段がほぼ鉄道だった時代を反映しているといえるでしょう。まずは救済メニューの体系図を示しておきます。

鉄道旅客運送契約は民法→商法→鉄道営業法→鉄道運輸規程→旅規→基準規程の順で細部が規定されています（12-04［鉄道旅客運送制度に適用される法規］を参照）。このようにみると、最後の旅規

や基準規程には鉄道営業法や鉄道運輸規程にもないようなメニューがそろっており、かなり手厚いことがわかります。

救済方法でいちばんよく知られているのは、振替輸送や代行バスでしょう。都市部で事故が起きたときは、並行する他社の鉄道やバス路線に所定の経路を通って目的地に向かう振替輸送の措置が取られます。地方の場合は、地元のバス会社やタクシー会社が協力し、代行車両を出しているのをニュースなどで目にすると思います。このような、提携しているバス会社などを用いた方法は、本項目とは別で、特別な協定に基づいて行われてい

事故・災害・車両故障時などの救済メニュー

鉄道運輸規程	
運行不能	便宜供与・保護義務（17条1項）
	無賃送還義務（17条2項）
	払戻義務（17条3項）
遅延	無賃送還義務（18条1項）
	払戻義務（18条2項）

鉄道営業法
乗車前は自由に解除可能（16条1項）
乗車後は自由に解除不能（16条2項）
災害時などの運行不能時は自由に解除可能（17条）

商法	特則なし

民法
請負契約なので自由に解除可能（634条、641条）
債務不履行による解除（542条）

どちらも主張可能

旅客営業取扱基準規程
指定券を別の列車に変更（371条）（事故列変）

… （基準規程独自の制度）

旅客営業規則
中止と払いもどし（282条の2、286条）
有効期間の延長（283条）
無賃送還（284条）
他経路乗車（285条）
別途旅行（287条）
後続の特急・急行に乗車（289条）（急乗承）

… （旅規独自の制度）
… （旅規独自の制度）
… （旅規独自の制度）
… （旅規独自の制度）

148

第11章　列車が止まったときのルール

るものです。また、"列車ホテル"（列車を宿泊用に利用）や、食料の提供がなされたりもします。

　こういった措置を講じるのは上記の便宜供与・保護義務（鉄道運輸規程17条1項）に基づくものです。また、旅客運送契約の観点からみると、旅客を単に運ぶだけではなく、安全に運ばないといけないという「安全配慮義務」にも基づきます。この義務は民法1条2項の信義誠実の原則から導かれるものです。

救済規定の細目

　まず乗車券と急行券（特急券を含む）に分けられます。これは旅規の構成として、乗車券と料金券で大きく意味が異なることに由来します。サブカテゴリとして、運行不能、遅延、車両故障あるいは旅客に過失なく乗車できなかった場合に分けられます。

救済規定の細目（使用開始前・旅行開始前は●のみ）

乗車券

運行不能
◆列車が運行不能となったとき

中止	＋ 払いもどし	●282条の2
有効期間の延長		283条
無賃送還（発駅もしくは途中駅まで無賃で戻る）	＋ 払いもどし	284条
他経路乗車（JRの別経路で向かう）	＋ 払いもどし	285条
別途旅行（JR以外の方法で向かう）	＋ 払いもどし	287条

遅延
◆列車が運行時刻より遅延し、そのため接続駅で接続予定の列車の出発時刻から1時間以上にわたって目的地に出発する列車等の接続を欠いたとき（接続を欠くことが確実なときを含む）
◆着駅に2時間以上の遅延（遅延することが確実なときを含む）

中止	＋ 払いもどし	●282条の2
有効期間の延長		283条
無賃送還（発駅もしくは途中駅まで無賃で戻る）	＋ 払いもどし	284条

車両故障 旅客無過失
◆車両の故障その他旅客の責任とならない事由によって、当該列車に乗車することができないとき

中止	＋ 払いもどし	●282条の2
有効期間の延長		283条

（包括規定282条）

急行券・特急券

運行不能
◆乗車中の特急・急行の運行不能

後続の急行・特急列車乗車承認（急乗承）	＋ 払いもどし	289条1項1号、同2項2号

遅延
◆乗車中の急行・特急の2時間以上の遅延

後続の急行・特急列車乗車承認（急乗承）	＋ 払いもどし	289条1項2号、同2項2号

◆急行・特急の1時間以上の遅延か遅延が確実なときに利用をやめたとき

払いもどし	●289条2項1号

◆急行・特急が2時間以上遅延して到着したとき

払いもどし	289条2項3号

車両故障 旅客無過失
◆車両の故障その他旅客の責任とならない事由によって、特急・急行のグリーン車に乗車することができないとき

後続の急行・特急列車乗車承認（急乗承）	＋ 払いもどし	289条1項3号、同2項2号

※289条2項4号の事例は略

※上記のほか、乗車前に差額を支払うことなく指定券を変更できる制度（事故列変）がある。また、使用開始前・旅行開始前に1時間以上の遅延で払いもどしが可能な場合がある。11-08［そのほかの救済制度］を参照

11-02

不通特約
不通区間を自分で何とかする

1 2 3 4 5 6 7 8 9 10 20 30

制度の概要

目的地までの経路に不通区間が生じた場合は原則として乗車券の発売が停止されます（旅規7条）。ただし、この規定には例外があります。

同条の但書で、運輸上支障のない場合で、①不通区間については、任意に旅行することと、②不通区間に対する旅客運賃の払いもどしの請求をしないという二点を根拠に発売が可能です。

①は、徒歩やタクシー、バスなどのJR以外の手段を使って自分で何とかしてくれということです。②は、後述するように、不通区間が生じた場合は、不乗証明をもらうことになって、旅行が終わった際に当該区間の無手数料払いもどしを請求できるのですが、それができないということです。なお、JRが手配した代行バス、代行タクシーなどの代替手段が講じられた場合（振替輸送は含まず）、開通しているものとみなされるので関係ありません（同条3項）。

後述する別途旅行（11-07［別途旅行JR以外で向かう］）との違いは、不通になる前に乗車したかどうかです。不通特約も別途旅行も、同じように不通区間を自分でJR以外の手段を駆使して目的地に向かうという点では同じです。しかし、不通特約は不乗区間を払いもどせないのです。購入時にわかっていて、自分で何とかするというから乗車券を売ったのに、払いもどしてくれというのは虫が良すぎるということです。

不通特約の活用法

このように自分で何とかする場合は、一見不便なようですが、旅をしている最中に開通したり、代行バスが走ったりする可能性もあるので、一考に値します。あるいは、ひと駅間だけ不通になっていて、その区間をタクシーで移動するなどといった手段が取れる場合は、タクシー代を出してもトータルで安いことがあり得ます。

この方法は一律で案内される場合もあれば、個別に相談できる場合もあるので、自分で何とかする覚悟がある場合は、駅に申し出て乗車券を売ってもらえるか相談してみてください。認められると、券面に「不通特約」という証明がなされた乗車券が発行されます。

なお、特急券などへも同様の措置をとることができるのですが、「前後の区間の乗車列車について接続の手配を講じたときに限る」（同条2項）とあるので、事例としては稀有だと思います。

150

11-03 払いもどし

制度の概要

　旅行自体を止めてしまうか、途中であきらめて残った区間をすべて払いもどす方法があります（旅規282条1項1号イ・282条の2）。使用開始前でも使用開始後でも払いもどし可能です。旅客の任意による払いもどしは、使用開始前か100キロ超の未乗区間が残ってないとできないのですが、こちらは関係ありませんし、手数料も引かれません。

　旅客運送契約というのは、ある駅からある駅まで運んで完結するという運送の請負契約にあたります。請負契約というのは仕事の完成が目的なので、実現不能であれば、注文者（民法の表現）＝旅客（商法の表現）が解除して、返金を受けるのは当然といえます。それに対応した規定が鉄道営業法17条にある旅客の解除権と途中まで運行できた場合の鉄道会社の部分請求権ということです。詳細は12-03［鉄道旅客運送制度の大原則］の通りです。

手続きの方法

　駅員に申告すればよいですが、駅員配置駅でも出札窓口が閉まっている場合は、基本的に払いもどしができませんので、申し出だけして、都合のよい駅で後日払いもどす方法もあります。新幹線が不通になったときなどは、払いもどし申出用の特設テーブルを出して対応しています。

　事例をふたつ挙げておきます。

　左下の写真は、大雪で木次線の出雲横田～備後落合間が不通となった際に、運転士に証明をもらったものです。駅員無配置駅でワンマン運転の場合は、運転士に記入してもらえばいいと思います。

　右下の写真は特急券の例ですが、発車前に払いもどし申告をしたことがわかり

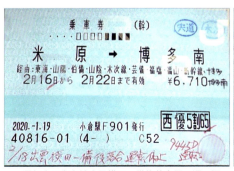

運転士に木次線出雲横田～備後落合間不通の証明をもらった乗車券

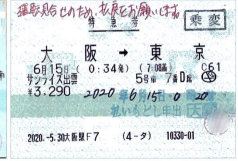

発車前に払いもどし申告をして、改札口で証明をもらった特急券

ます。深夜で出札が空いてないので、改札口で証明をもらいました。遅延や運休の情報は記録されているので、このような証明がなくとも、照会可能ですが、書いてもらった方が安心です。

まず中止を決めるのは旅客自身なので、不通となっている何もないような駅員無配置駅で中止とするのもよいですが、通常は、便宜の駅まで戻ってそこを中止駅とするでしょう。戻る場合は無賃送還となり、発駅、もしくは途中駅まで無賃で戻れます。詳細は11-05［無賃送還　無賃で戻る］を参照ください。

疑問点

①割引乗車券の場合はどうなるかです。往復割引などで片方を払い戻すと、無割引で乗ってきたことにされて、割引がはく奪されます。しかし、この場合は災害なので、割引のまま計算します（旅規282条の2第1項1号イ）。

②特定都区市内が関係する場合は、その中心駅で判断します（旅規282条の2第1項1号ロ）。東京都区内から大阪市内の乗車券で、新宿から乗って東京まで来たところで新幹線が運休していることを知って中止した場合は、東京から計算するので全額払いもどしとなり、新宿〜東京間は結果として無賃ということになります。もちろん新宿に戻ることも可能です（無賃送還）。

無賃送還・他経路乗車・別途旅行との組み合わせ

11-01［事故・災害・車両故障時などの救済メニュー］で掲出した表の通り、無賃送還、他経路乗車、別途旅行は不乗区間について払いもどしを伴うこともあります。それぞれ11-05［無賃送還　無料で戻る］、11-06［他経路乗車　ＪＲの別経路で向かう］、11-07［別途旅行　ＪＲ以外で向かう］を参照ください。

代行バスのバス停（飯田線　湯谷温泉駅）
写真：大原伸晃

救済方法でよく知られている代行バス（飯田線東栄駅）　写真：大原伸晃

有効期間の延長

制度の概要

途中でいったんあきらめて有効期間の延長を申請する方法ですが（旅規282条1項1号ロ・283条）、総合的に考えると、払いもどした方が早くて便利かもしれません。実例も少ないです。

延長申請をすると、乗車券を預けることになり、代わりに預り証を受け取ります。その後、開通したら預り証と引換えに延長証明がなされた乗車券を受け取るという方法です。

まず運行不能が原因とされる場合の旅行の再開は、開通後5日以内に出発する必要があります。

列車遅延の場合と車両故障の場合は1日の延長だけです。そのあとの行程が崩壊するのであれば、いっそのこと中止駅付近で1日遊んでから出発するなども旅の醍醐味ではないでしょうか。

それから、開通後5日＋加算した日数までに再開しないと回収されます。無限に延長できるわけではありません。

疑問点

まず、運転見合わせに遭遇した駅で待たないといけないかです。これは便宜の駅まで無賃送還でいったん戻る方法がとれます（基準規程358条の2）。ホテルや旅館のある駅に無賃で戻れるようになっているわけです。制度的には無賃送還制度を使っていったん戻り、そこで有効期間の延長申請をするという理解です。

たとえばAからDへの乗車券を所持していて、CD間で不通区間が生じたものの、C付近には宿泊施設もないため、ホテルのあるBに戻って宿泊し、開通してから再度Dに向かう場合です。旅行を再開するまでB駅に乗車券を預けます。

有効期間の延長申請の略図

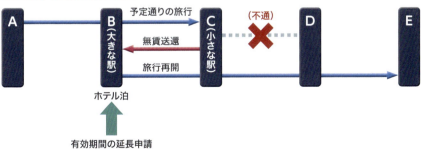

11-05

無賃送還　無賃で戻る

① ② ③ ④ ⑤ ⑥ ⑦ ⑧ ⑨ 10 20 30

制度の概要

端的にいうと、その先をあきらめて発駅まで戻ることができる制度です。別に発駅まで律儀に戻らなくても、途中まで戻ることも可能です（旅規282条1項1号ハ・284条）。その後、残りの区間を払いもどせますし（無手数料）、開通したら再開も可能です。

ただし、勝手にはできません。きちんと申告し、「事故返」と乗車券面に記入を受けるか、業務連絡書をもらう形です。

下の写真はかなり古いですが、乗車券の裏側に証明されたものです。「事故返 美々駅下車、201レ（＝列車）、ムロ（＝室蘭車掌区）、カレチ（＝客扱い専務車掌）」という意味です。美々駅（現美々信号場）で車掌に申告し、後戻りしていることがわかります。

乗車券の裏側に証明された「事故返」

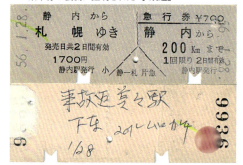

疑問点

① 無賃送還時の列車は自由に選べるのか

「最近の列車」（284条1項1号）とあるので、あまり好き勝手には選べません。たとえば、最近の列車だと途中駅までしか行かないとか、途中駅で終電を迎えることになり、そこはホテルがないような駅であるなどといった理由があれば、遅く出発することが可能でしょう。

なお、特急に乗って戻る場合は特急券が必要ですが、もともと特急に乗ってきたひとは特急で戻ることができる可能性があります。通常は認められます。

② 無賃送還時の経路は自由に選べるのか

通ってきたルートが基本ですが、「やむを得ない事由」によって乗車券に表示されているルートで戻れないときは、別ルートを認めてもらえる余地があります。ここは交渉が必要ですが、元の乗車券があまりにも迂回したルートや本数が少ない路線なら、最短経路や別経路が認められるケースがあります。

たとえば、名古屋市内→（東海道本線）→山科→（湖西線・北陸本線・北陸新幹線）→金沢の乗車券を使って、湖西線乗車中に北陸新幹線が不通となり、あきらめて名古屋に戻りたいとします。

経路通りなら、山科にいったん戻るの

名古屋市内→（東海道本線）→山科→（湖西線・北陸本線・北陸新幹線）→金沢の乗車券の例

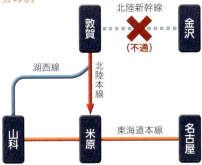

ですが、敦賀に近いところまで来ていたら、北陸本線を使って米原経由で戻った方が早いです。このような合理性のある送還ルートは認められる可能性が高いです。

③**無賃送還時は途中下車できるのか**

できません（284条1項3号）。最終的に払いもどすのに、途中下車で遊びながら戻ってもらうなど、運送契約の本質から外れます。なお、途中で食事をする場合や列車が終わってしまってホテルに泊まる場合などは駅を出ることができます。これは設備上の都合による一時出場です（基準規程145条、同358条の2）。

④**これまで途中下車していた場合の処理はどうなるのか**

無賃送還自体は途中下車をしていても関係ありません。発駅まで戻ることが可能です。

⑤**途中まで戻ってから再開できるのか**

終日運休と聞いていたので、戻っていたら、運転再開との情報を得た場合などです。その際に無賃送還を途中で取りやめて旅を再開することができるのか。規則上は判然としませんが、認められるでしょう。無賃送還自体は運行不能や遅延時の代替手段として置かれていることから、代替手段を放棄したら、元の旅が再開できると考えていいと思います。これは、無賃送還時に途中下車ができないというデメリットからも認められると想起されます。

⑥**再開後にまた同じ区間を乗車する際、途中下車できるのか**

すでに途中下車している駅以降はできると考えていいと思います。途中下車が終わっている駅までは運送契約が履行されているので、途中下車ができる理論的根拠が欠けます。

不乗区間の払いもどし

無賃送還で戻った場合は、運送契約自体がなかったことになるので、その区間分が払い戻されます。講学的には、巻き戻し理論（巻き戻しにより債権債務関係を当初の状態に戻す）に近い考え方です。

ただし、払いもどしは最後に途中下車した駅から先の区間になります（基準規程359条但書）。途中下車をしているということは、その駅まで旅を十分に楽しんでいるわけで、法的には運送契約が履行されているという理解になります。契約の履行が途中まで巻き戻されたわけです。

11-06 他経路乗車
JRの別経路で向かう

制度の概要

不通区間を回避して、JRのほかの経路を使って目的地に向かう方法です（旅規282条1項1号ニ・285条）。振替輸送措置がなされていれば、それに沿って無賃で向かうことも可能です。通常は振替乗車票が発行されますが、最近は省略される場合も多くなっています。

ここでの解説は、自分でJRの別ルートを申し出てから向かう方法です。申告すると、経路の妥当性を確認し、券面に「不通何何線に変更」と記入し、駅名小印（駅名を四角で囲ったゴム印）が押されます（基準規程360条）。

疑問点

本制度を使うに際してもいくつか疑問が生じますので、順番に解説します。

関西本線蟹江駅発行の近畿日本鉄道への振替乗車票

① どの程度のルートが許されるのかです。

規則上は最短経路です。ただし、「最短経路以外に順路があるときは、これを指定して乗車させる」（基準規程360条1項1号）ことができるので、ほかに合理的なルートを相談することが可能です。

たとえば新大阪から松本に向かっていたものの、中央本線が不通となった場合です。最短経路だと飯田線経由ですが、かなりの時間を要します。この場合、身延線、相模線、横浜線、東海道新幹線を経由するなどの現実的な選択肢も出てき

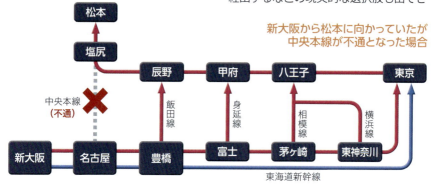

新大阪から松本に向かっていたが中央本線が不通となった場合

ます。このあたりは駅の裁量事項になるので、じっくり相談してみる価値があります。実際に、新幹線と特急〔あずさ〕を使って向かってもよい、という放送が新幹線の車内で流れることがあります。

② **他経路乗車中に途中下車はできるのかです。**

これは可能です。旅規285条1項1号の但書に「定期乗車券又は普通回数乗車券を使用する旅客は、他の経路による乗車中に途中下車することができない」とあるように、これ以外は、本来的に途中下車可能な乗車券を所持しているなら、途中下車可能と反対解釈をすることができます。

本書で「途中下車自由の原則」と言っているように、乗車券というのは途中下車可能なことが原則で、制限する場合が例外なのです。これは利益衡量から考えても当然です。もともと途中下車が可能な乗車券を所持していたところで、別のルートになったのですから、それ以上の不利益を与えるべきではありません。

③ **普通列車しか乗れないのかです。**

急行列車に乗車していた旅客が運行不能に遭遇した場合、急行列車に乗車可能です（特急には乗車不可）。特急列車に乗車していた場合は特急列車に乗車可能です。また、特急券や急行券を別に購入すれば、普通や快速に乗っていたとしても、特急や急行に乗車可能です。

④ **他経路の着駅（接続駅）はどうなるのかです。**

「不通区間以遠の駅において途中下車を予定していた場合は、その駅を含む」とありますので、途中下車をどこで予定しているのかが、判断の分かれ道です。

ここからは、わたくしの実際に行った事例を元にします。図の矢印の通り、京橋→柘植→草津→山科→近江塩津と旅する予定であったところ、柘植〜草津間で運転見合わせとなりました。

このとき、木津にいて、近江塩津まで途中下車をする予定がない場合は、木津〜山科間が他経路に相当します。しかし、草津で途中下車する予定であった場合は、草津が「着駅と同一目的地」に該当するので、木津〜草津間が他経路となります。柘植にいるときに不通になったら、柘植〜草津間が他経路です。そして、草津で途中下車してから乗車した後は本来の経路に戻るという理解です。

⑤ **重複乗車は認められるのかです。**

旅規285条の文言からは不明ですが、

京橋→柘植→草津→山科→近江塩津と旅する予定の場合

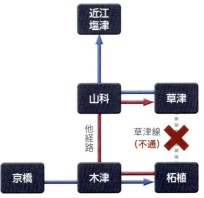

基準規程369条1項1号で「既に乗車した区間の一部を復乗して乗車させる」とありますので、可能です。図の事例ですと、柘植にいて、近江塩津まで途中下車する予定がない場合です。柘植〜木津間を戻ると、復乗になりますが、これを認めるということです。他経路乗車と無賃送還との併用は認められないので、このような補充規定があるのでしょう。

⑥ **復乗中に途中下車はできるのかです。**

これは可能です。禁止する文言がないからです。図の場合、柘植〜木津間で途中下車が可能です。実際にわたくしは伊賀上野で途中下車しました。

⑦ **他経路乗車中に途中下車した駅でまた途中下車できるのかです。**

同様に禁止する文言がないので可能です。図でいうと、木津→山科→草津と移動する際に山科でいったん途中下車して、正規の経路に戻った際に再度、山科で途中下車できるということになります。

不乗区間の払いもどし

実際の乗車経路に基づいた発駅・着駅間からすでに収受した運賃や料金を差し引き、過剰額が戻ってきます。不足していても追加では取られません（旅規285条2項）。図の場合に、木津→山科と移動した場合は、木津〜山科間を奈良線経由と草津線経由で比較、柘植〜草津と移動した場合も同じように奈良線経由と草津線経由で比較します。前者は返金がありますが、後者は返金がありません。

規則上は鉄道駅扱いの三厩駅
右は代行バス（災害により蟹田〜三厩間は代行バスが運行されている）

雑草に埋もれた三厩駅構内

11-07 別途旅行 JR以外で向かう

制度の概要

不通区間をJR以外の手段を使って移動する方法です（旅規282条1項1号ホ・287条）。これもわたくしが旅で遭遇した事案を用いて解説します。

このときは朝の広島駅で、芸備線の三次に向かうため発車前の列車に乗っていたら、途中の志和口で運転を打ち切っているとの放送が入りました。前日からの大雨の影響です。運転士と話すと、午後には開通するかもしれないとのことだったので、ひとまず向かうことにしました。

しかし、志和口に着いても開通のめどは立っていなかったため、広島から高速バスで向かうことも想定し広島に戻りました。結果としては、広島に着いたときに運転が再開されたのですが、高速バスで向かったことを想定して論を進めます。

疑問点

① 別途旅行の方法

たとえば志和口と三次をタクシーで行く場合などです。この場合は証明をもらっておく必要があります。後で不乗区間の払いもどしをする必要がありますし、下車前途無効の乗車券なら途中下車ではないことを証明する必要があるからです。その規定が上記の287条の「あらかじめ係員に申し出て不乗証明書の交付を受け」です。事例は「無賃送還」の項目で掲げた通りです。証明書を発行してもらうか、券面に記入をしてもらう形です。駅員無配置駅（簡易委託駅を含む）の場合は車掌、ワンマンの場合は運転士にもらいます。

② 無賃で別途旅行の接続駅まで戻ることができるのか

事例でいうと、志和口から広島まで戻ることができるのかです。高速バスに乗るのであれば、広島まで戻らないといけませんので、乗ってきた区間を復乗するわけです。認められますが、規則上、根拠となる解釈が分かれると思います。

第一は、他経路乗車と同様に一部の復乗を認める解釈（基準規程360条1項1号類推適用）。

第二は、無賃送還と考える方法。この

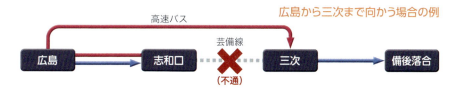

広島から三次まで向かう場合の例

場合、旅規282条の書きぶりから、別途旅行と無賃送還を併用できないように見えますが、無賃送還を選択して、気が変わったから別途旅行を選択したと考えることは可能です。基準規程358条の2（途中駅まで無賃送還した場合の有効期間延長の取扱いの特例）で、「一時便宜の駅まで無賃送還の取扱いを受け、その駅で開通の待合せをする場合」で、「無賃送還の取扱いを受けた旅客が開通後旅行を継続する場合は、別に旅客運賃及び料金を収受しないで原乗車券類によって前途の区間を乗車させるものとする」とあることからしても、ほかの選択肢をとる前に、無賃送還でいったん便宜の駅に戻ることは認めていると考えられるからです。

③復乗で戻るときに途中下車はできるのか

他経路乗車に付随した一部復乗と考えるのであれば、途中下車はできます。無賃送還を選択した場合はできません（規則284条2項3号）。どうしても出場したい場合は、一時出場として扱う形で認められます。食事をしたりホテルに泊まったりといった場合です。

不乗区間の払いもどし

不乗区間の払いもどし手続きの仕組みです。不乗区間の払いもどしは、「不通区間の旅行を終えた後、旅客運賃払いもどしの請求を受けた駅で原乗車券を確認したうえ、その証明書と引換えに払いもどしをしなければならない」（基準規程第364条3項）とあるので、事実上、終着駅もしくは旅行終了後に任意の駅で払いもどすことになります。券面証明なので、乗車券を提出しないといけません。

このときに不乗区間の認定で迷うと思います。今回のケースで、広島まで戻って、三次に高速バスで向かった場合の払いもどし金額は、広島〜三次間なのか志和口〜三次間なのかです。

先ほどの②で、他経路乗車に付随した一部復乗を選択したのであれば、不乗区間は志和口〜三次間です。無賃送還を選択したのであれば広島〜三次間です。旅客がどちらかを選ぶことになりますが、つまり、②の争点との関連でメリットを比較すると、復乗区間で途中下車を選ぶのか、不乗区間を広げて払いもどし額を増やすのかを比較衡量することになるのです。

このような選択は国鉄時代の内規からも想起されます。国鉄・旧首都圏本部旅客営業取扱規程169条には次のようにあります。「不乗証明書は、旅客が別途旅行を開始する駅で発行すること」（2号）、「不乗証明書の発行区間は、不通区間と同一とすること。ただし、他の運輸機関の関係その他特別な事情がある場合、不通区間とその前後の区間を通じて発行することができる」（同3号）。2号に沿うと、志和口〜三次間で、3号に沿うと広島〜三次間となります。結局、旅客の意思に従うことになります。

11-08

そのほかの救済制度

`1 2 3 4 5 6 7 8 9 10 20 30`

事故列変　ほかの列車に変更する

これは乗車前に指定券を持っているとき、つぎの事情によって同じ日にその駅から出発する列車の指定券に変更できる制度です（基準規程371条）。手数料は不要で、不足額を支払う必要はなく、過剰額は戻ります。

①運行不能、②出発時刻に1時間以上遅延し、または遅延することが確実、③先の区間で1時間以上の遅延が確実、④遅延により接続予定の列車に乗車することができなかった場合、または乗車できないことが確実な場合などです。

1時間以上の遅延などでの特例

つぎの場合は、使用開始前・旅行開始前であっても運賃・料金とも払いもどしとなる場合があります（基準規程352条）。

①1時間以上の延発が確実か延発した場合、②着駅（途中下車予定駅を含む）に1時間以上遅れて到着することが確実な場合、③台風、大雪等の荒天により多数線区で運行不能が想定される場合。

急乗承　後続の特急に乗車

乗っている急行列車（特急列車含む）が打ち切りとなるか、つぎの事情となっ

た場合に、後続の「急行列車への乗車を承認する」制度です（旅規289条1項）。頭の漢字をとって、実務用語で「急乗承」と呼ばれます。後続の特急に乗れたうえに特急券の全額払いもどしを受けられるという利点もあります。

①運行不能、②2時間以上の遅延、③車両故障など旅客の責任とならない事由でグリーン車が利用できない場合です。

冷暖房の故障（特急・急行のみ）

冷暖房が故障した場合は、救済措置があります（基準規程369条の3）。

①指定席か寝台を利用していたとき

まずは別の席や別の寝台に案内され、差額は払いもどしです（過剰額は支払い不要）。充当する席や寝台がない場合は、「冷房故障」や「暖房故障」の証明をしてもらい、特急券や寝台券などの全額払いもどしとなります。自由席に案内された場合も同様に払いもどしとなります。

②自由席を利用していたとき

基本は同じく自由席の空席に案内されますが、満席の場合は運輸上支障がないと認められたら指定席に案内されるでしょう（差額の支払い不要）。指定席も満席で、故障車両で乗車を継続するのであれば、証明をしてもらい特急券や急行券は全額払いもどしです。

11-09 ICカード乗車券における救済

ICカードの概要は第10章の通りですが、ここでは運行不能時に焦点を当てて解説します。

紙の乗車券における救済方法は、11-01［事故・災害・車両故障時などの救済メニュー］に掲出した表の通り、非常に多様なメニューがそろっています。もちろんICカードの定期乗車券の場合は紙の乗車券のように運送区間が決まっているので、紙の定期乗車券と同じ措置となります（ＪＲ東日本・ICカード乗車券取扱規則56条1項）。

しかし、ICカード（乗車券としての利用の場合）については、その性質上かなり限定されてきます。というのも、ICカードは、発駅でタッチしたときには運送区間が決まってないので理論的に成り立たない救済方法があるからです。もちろん旅客の心の中では目的地は決まっていると思いますが、発駅でタッチした時点ではエリア内は経路がぶつからない以上、着駅を自由に選べるので、ＪＲとの契約内容にはなっていません。

ＡからＥに向かう場合に、ＣＤ間が不通となった場合を想定します。

①無賃送還

ＣでＡに引き返した場合は、乗ってなかったこととなり、Ａで出場処理をします。

②無賃送還と中止

Ｂまで戻って中止するのであれば、ＡＢ間の運送契約は終わっていますので、この区間の運賃をICカードから減じます。

③不通区間の別途旅行

ＣＤ間をＪＲ以外の手段で向かう場合です。別途旅行という名称ですが、実際には中止と同じです。ＡＣ間の運賃を減じられます。

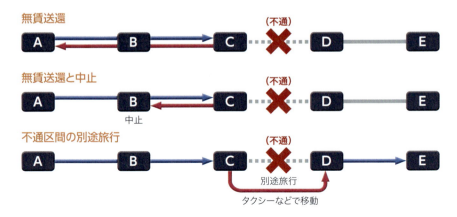

11-10
ネットで買ったきっぷにおける救済

1 2 3 4 5 6 7 8 9 10 20 30

　紙のきっぷを発券した場合は、紙のきっぷと基本的に同じで、紙で発券しない方式で乗車の場合は、決まりがあります。

「えきねっと」（JR東日本・JR北海道）

　JR券申込サービスに関する規約3条は、1項できっぷの効力は旅規等に基づくことを明記していますが、2項で次のような例外を置いています。

　「乗車券類の引渡し前」「チケットレスサービス」「新幹線eチケットサービス」「『えきねっとQチケ』サービス」による場合は、この規約に加えて該当するウェブサイト上の定めもこの規約に含まれるとしています。結局、これらの場合は個別の決まりに従うことになります。

「スマートEX」（JR東海・JR西日本・JR九州）

　スマートEXサービス会員規約10条で、「本サービスにおける運送契約の内容は、本規約に定める事項を除いて、JR東海、JR西日本またはJR九州が別に定める『EXサービス運送約款』を適用するものとします」としています。そして、EXサービス運送約款を確認すると、22条の2以下に運行不能や2時間以上の遅延で、払いもどし、無賃送還、旅行中止と急乗承（11-08［そのほかの救済制度］を参照）に準じた制度が確認できます。

「エクスプレス予約」（JR東海）

　JR西日本・JR九州・JR東海エクスプレス予約サービス会員規約には特段明記がなく、1条2項によると、本規約の特約が制定される場合、特約と本規約とは一体となるとあるので、特約によることになります。

「e5489」（JR西日本・JR四国）

　JR西日本ネット予約（「e5489」）に関する規約には、22条で「列車の運行不能・遅延等の場合の取扱い」が規定されており、無手数料の払いもどしの可能性などが明記されています。ただ、この規約の1条4項には「サービス利用者が本サービスにより購入した乗車券類の効力等は、本規約に定める事項を除いて、別に定めるものによります」（1条4項）とあり、この別に定めるものには旅規が含まれるので、結局、多くの処理は旅規に準じます。

「インターネット列車予約」（JR九州）

　紙のきっぷを受け取って、乗車することを原則としていますので、運行不能や遅延の際は紙のきっぷと同様です（JR九州インターネット列車予約サービス利用規約4条に明記されています）。

コラム column

命の保証がないきっぷ？

「便乗ノ安全ニ付テハ一切保證致シマセン」と妙な文言が入った黒部峡谷鉄道のむかしのきっぷです。この路線の過酷さが想像できます。

この当時は、日本発送電株式会社の専用線で、便宜上、旅客運送も行っていました。その後、1951（昭和26）年から会社の分割に伴い関西電力株式会社の管轄となるも、いったん旅客営業はなくなっています（1953［昭和28］年に再開）。

そして、1971（昭和46）年より関西電力株式会社の子会社として設立された黒部峡谷鉄道株式会社が鉄道事業を受託し、現在に至っています。

ここで、商法591条１項の「旅客の生命又は身体の侵害による運送人の損害賠償の責任……を免除し、又は軽減する特約は、無効とする」という特約禁止の規定に抵触するのではないかと疑問に思うわけです。しかし、この条文は2019（平成31）年に施行された新設条文ですので、問題ありません。

ただ、そもそもこの便乗自体が無償の時代もありました。無償の運送契約で同じような特約を設定したとすると、ひとまず商法には抵触しませんが、運送の提供方法によっては安全配慮義務違反を根拠とする債務不履行責任や不法行為責任を負う可能性があります。当時もいまも、無償だからといって、特約を入れたらすべてが免責されるわけではありませんから、乗るときの「心得」が書かれていると見るべきものでしょう。

当時の列車　資料提供：関西電力株式会社

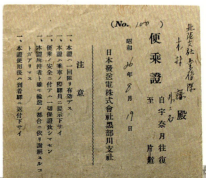

日本発送電株式会社黒部川支社発行の「便乗証」
写真：黒部峡谷鉄道株式会社

第12章

鉄道旅客運送制度の基礎知識

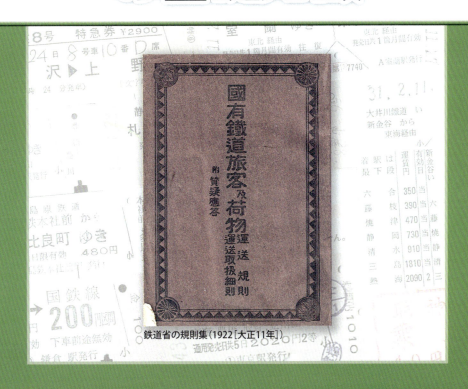

鉄道省の規則集(1922 [大正11年])

12-01 きっぷのルールとは

きっぷのルールの全体像

鉄道に乗るとき、多くの方が思い起こすのは、ICカード、整理券での精算、券売機や窓口で購入する紙のきっぷあたりだろうと思います。一見、バラバラの制度のように感じるでしょう。しかし、その背景にあるルールについては、それぞれの特則が設けられているものの、根底には紙のきっぷをベースにした旅規が横たわっています。

まず、国鉄時代からのきっぷの発売方法を乗車券と料金券を例にとって振り返ってみます。便宜上、5期に分けました。

券売機が普及する第1期は、どの駅でも有人窓口できっぷが発売されていました。多くがあらかじめ印刷されたきっぷに日付などの最低限の情報を窓口で印字

国鉄時代から現在まで、きっぷの発売方法の変遷

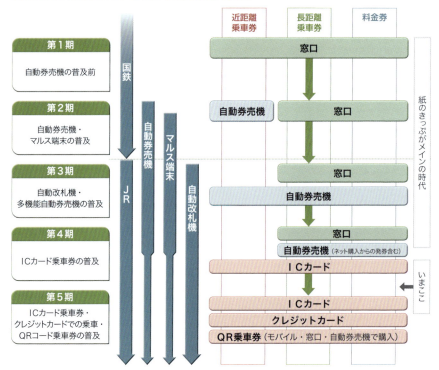

左側に出札窓口をふたつ、右側に小荷物用窓口を備えていた肥薩線矢岳駅

して発行する形です。特殊な乗車券は手書きで補充券に記入しての発行です。戦前の駅舎が残っているローカル線の駅などを見ると、小さな駅でもふたつの窓口が残っています。窓口発売が中心だった時代を知ることができるでしょう。

　第2期で、券売機が普及すると、近距離乗車券の発売は徐々にそちらに移行しました。第3期は、マルス端末の普及、自動改札機の普及、POS端末（Point of Sales：発券機能をもった販売実績管理システム）の普及などを経ていますが、それぞれが電子機器を用いただけのことであり、ユーザーインターフェイスとしては依然として券売機か窓口という違いのままでした。

　第4期で、ICカードが登場したことで、大きく変わります。このとき、きっぷのルールも従来の紙のきっぷ用の旅客営業規則から大きく離れていきました。デポジットを経て運賃を後払いするという仕組みが、先払いであった紙のきっぷとは異なり、きっぷを買うという行為がなくなったからです。とはいうものの、ICカードの規則も旅規を準用している部分が多く、旅規をベースとしていることがよくわかります。

　この先、ICカードやネット経由でのきっぷの購入方法は増えていくでしょう。しかし、ここまで合理的にできている規則の体系は、簡素化はすれども、根幹が変わることはありません。だからこそ、旅客営業規則を中心とした旅客運送制度の根本を理解することが有意義なのです。

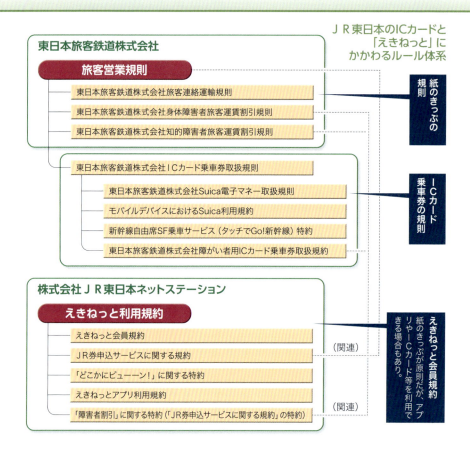

根底にあるのは旅客営業規則

　ICカードが普及しているJR東日本の例でルールの体系を見てみます（関連の薄い規則は省いています）。

　大上段に旅規が存在し、その派生としてICカード乗車券取扱規則が置かれています。これでわかるようにICカードは紙の乗車券の延長です。しかし、後述の通り、後払いというICカードの性質上、かなり簡素化した規定になっています。たとえば、途中下車制度はありませんし、有効期間も当日限りなので、大都市近郊間内相互発着の乗車券（2-02［往復乗車券］を参照）と同じようなものです。

　ネット経由で申し込む場合は若干、毛色が違います。ネットに関する規定が旅規とは別建てで、ほかのJR各社と同様に会員制になっています。形式的には会員向けのサービスの一環として乗車券の発券サービスというわけですが、その内実は旅規の多くを準用していることから、結局、根底には旅規の規定が見え隠れするわけです。

第12章　鉄道旅客運送制度の基礎知識

国鉄時代に有人窓口できっぷを発売する光景　1956(昭和31)年6月　所蔵：交通新聞社

12-02

鉄道旅客運送制度を理解する意味

1 2 3 4 5 6 7 8 9 10 20 30

旅の知恵として

　近年は自然災害による運休や遅延が相次ぎ、鉄道各社が必死の対応に追われている様子を見ることが多くなっています。そのような中、払いもどしや変更を求める多くの旅客が駅にごった返し、ある駅では払いもどしの現金が枯渇し応じられない状況でした。ＪＲは1年以内であれば払いもどしを受け付ける旨をアピールし、できるかぎり駅の混雑を防止する策に出ていました。

　このような災害や事故の際に、混雑する駅で旅客が希望するような適切な対応を受けられるのでしょうか。自らの経験を語れば、無手数料の払いもどしや一般的な振替輸送などの案内はなされるものの、それ以上の細かな相談は事実上、難しい状況が多かったです。

　ひとつは現場が混乱していることもあるのですが、制度が複雑すぎるため、窓口の駅員さんも満足な案内ができていないように感じました。とはいうものの、制度が残っている以上は旅客の要望に応えるようにしなければならないはずで、そのような体験も本書の背景にあります。旅客側も少しでも知恵をつけた方がお互いに効率がよいですし、駅員さんも制度の要点をつかんで理解すれば業務効率も

上がるだろうと考えています。

旅客営業規則は契約条項にあたる

　きっぷのルールの根本規則にあたる旅客営業規則とは、旅客と運送機関たる鉄道会社との運送契約の内容にあたるものです。法実務では「契約条項」という言い方が多いでしょう。昨今、他業種にならって「旅客営業規則」のことを「運送約款」と呼ぶ場合もあります。保険を契約したときに細かい字で書かれた約款という冊子をもらいますが、同じような役割でありながら、その何倍もの分量があります。最近では一部の重要な規則をネット上にアップしている鉄道会社がほとんどなので、簡単に読めますが、容易には理解できない面もあります。

　ところで、契約とは、お互いに約束をして、その合意内容に法律的な効果を生じさせるものです。たとえば、物の売買であれば、ある物をいくらで譲るという合意（契約）がなされて、代金の支払いを請求できるという法律的な効果が生じるようなことをいいます。

　しかし、ビジネス上の契約は単純ではありません。支払期日、物の仕様、引き渡し場所、壊れていた場合や引き渡し期日に遅れた場合の措置など、さまざまなリスクが契約条項として明記されます。

第12章 鉄道旅客運送制度の基礎知識

鉄道旅客運送契約も同じです。列車が遅れた場合、運行不能になった場合など、少し考えても様々なリスクが思い浮かびます。細部の仕様やリスクへの対処方法が満載されているものが旅客営業規則といえます。

この旅客営業規則の複雑さは、現役の鉄道員ですら尻込みするものですが、その奥深さたるや深遠なるものがあります。一見無味乾燥な条文の羅列や複雑な準用条文なども、一条一条に歴史が刻まれているのです。全国に縦横無尽に張り巡らされた鉄道網を合理的に管理するために長きにわたって構築されてきた旅客営業規則。国鉄官僚が苦心して創りだした精巧な作品は芸術の域にも達しているといえるでしょう。それをＪＲ各社も引き継ぎ、各民鉄も応用しています。

いかにも官僚の作品といえなくもない無駄に複雑な規定もありますが、多くの規則にはサービス向上や業務の円滑化の

国鉄・ＪＲの規則集　左から1930年版、1950年版、1958年版、1974年版、1987年版

ための労苦がにじみ出ており、味わい深いものです。

1920（大正9）年に制定された「國有鐵道旅客及荷物運送規則」を嚆矢とする旅客営業規則の基本は、旅客サービスを一義とするものであり、その精神がいまでも流れています。

ホームページに掲載されているＪＲ東日本の旅客営業規則

以前は旅規の周辺規定を収容した単行規定集が市販されていた

12-03 鉄道旅客運送制度の大原則

売買契約と運送契約の違い

まずは、お店で物を買うときのことを思い起こしてみます。客（買主）はこの商品がほしいと思って、店員にくださいと言う。店員は承諾して、代金を受け取り、商品を渡す。これが典型的な売買契約を締結する前後の行為です。

このとき、法律上、契約の成立するタイミングは店員さんの承諾したときとみます。お互いの意思が合致した瞬間です。その後、客は商品を渡してくれと請求する権利を取得するとともに代金を支払う義務を負い、店は代金を支払ってくれという権利を取得するとともに商品を引き渡す義務を負います。契約によっては同時に履行（商品と代金の引き換え）するばかりではなく、代金の先払いや後払い、あるいは頭金を差し入れるなど、先後関係が変わることもあります。

これを旅客運送契約に置きかえてみます。旅客の「運んでくれ」と運送人の「運びます」という両者の意思が合致して契約が成立し、お互いに法律上の権利義務が生じることになります（商法589条）。また、鉄道運送契約の場合、売買契約と違って、旅客が各規定を遵守していて、災害などの特別な理由がない限り鉄道会社は契約の締結を断ることはできません（鉄道営業法6条2項）。

きっぷの役割

契約が成立すると、旅客は運送の請求権をもつとともに運賃を支払う債務を負担し、運送機関など（商法の表現では「運送人」）は運賃の請求権をもつとともに、旅客を運ぶ債務を負います。

しかし、鉄道旅客運送契約の場合は若

売買契約と運送契約の違い

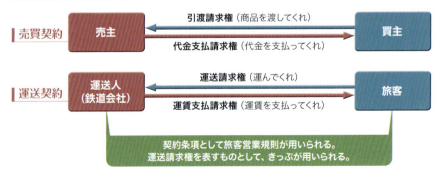

干修正をしています。旅規5条には「旅客等が所定の運賃・料金を支払い、乗車券類等その契約に関する証票の交付を受けた時に成立する」とありますので、駅員が乗車券を差し出すか券売機からきっぷが吐き出されたときが基準点となります。その際に、権利を表章したものとして「きっぷ」が伝統的に用いられてきました。きっぷが有価証券といわれるゆえんです。大量の客を扱う際に口頭契約では誰が正当な権利者なのかわからなくなってしまうし、かといって、逐一、契約書を作成しているような余裕はないからです。きっぷの所持者を権利者として画一的に扱うことで効率的な運営ができるわけです。

ICカードの場合はICカードがきっぷに相当します。そのような事情がないタクシーの場合は口頭契約であり、後払いですから、商法の想定している典型例に合致します。

このきっぷでの方法は鉄道の国、イギリスで開発されたもので、現在の券売機で発売される近距離乗車券のサイズが乗車券の元祖です。このような方式を開発

乗車券の元祖は、現在の券売機で発売される近距離乗車券のサイズ

した駅長さんの名前をとって、エドモンソン式とも呼ばれます。その後、エドモンソン氏は自ら会社を興して鉄道会社相手に乗車券を提供するサービスを行い、徐々に広がっていったそうです。

最近の鉄道はICカードを用いて乗車する形態に替わりつつあるのはご存じのとおりです。ICカードの利用申込を受けて交付したところで基本契約が成立し、乗車駅の自動改札機にタッチしたところで目的地が不確定な状態で個別の運送契約が成立したということになります。そして、旅客が下車した際に運送契約の条件が完全に確定したと同時に契約が終了した（履行された）ことになります。下車するまでは、旅客に一定の範囲で経路の選択権が事実上留保されています。支払い自体は、下車駅で差し引かれるので、基本的には後払いとなり、下車までは預り金という理解です。

最近は、さらに進化してクレジットカードを乗車券の代わりとして用いる方法が始まっています。こうなるとICカード乗車券が貸与されてデポジットを収める行為すら必要なくなるので、乗車駅と下車駅でタッチするだけという極めてシンプルな形態になります。

旅客営業規則の存在理由

ところで、本書のメインテーマは「きっぷのしくみ」。難しくいうと「鉄道旅客営業規則」とその周辺規定です。この規則がなぜわざわざ存在するのでしょうか。

きっぷ、ICカード乗車券、クレジットカードの乗車券としての役割

　答えは大量の客を相手にするから必要に迫られて制作してあるということで、きっぷと存在理由は同じです。

　マンションの賃貸借契約と比べてみるとわかります。マンションの契約書は貸主と借主の取り決めが条文の形でいろいろと書いてあり、ある程度の定型性はあるものの、契約ごとに多少の個性があったりします。ペット可であったり、短期解約違約金があったりといった個別事情です。

　しかし、鉄道の場合は大量の旅客を扱うため、すべての旅客に対して契約書を作成して、決め事を個別に定めていたら全くコストがあいません。だから「旅客営業規則」という、いわば法典のようなものを予め作っておいて、統一した契約条件を提示し、嫌なら乗らなくてよいというスタンスです。もちろん各種の規制法規があるので、鉄道会社が好き勝手なルールを作れるわけではありません。

　こういったあらかじめ定型の契約条項を提示して行う契約形式を、法的な専門用語で「附合契約」と呼びます。

　ここで旅規1条を見てみます。そこには目的が書かれています。

第12章 鉄道旅客運送制度の基礎知識

> この規則は、●●旅客鉄道株式会社……の旅客の運送及びこれに附帯する入場券の発売、携帯品の一時預り……について合理的な取扱方を定め、もって利用者の便利と事業の能率的な遂行を図ることを目的とする。
> （※●は各会社名が入る。）

　この営業規則を学問上は約款と呼んでいます。また、そのまま約款と称する鉄道会社もあります。後述するように、現在は約款が民法に規定されたので、法律用語ともいえます。ちなみに、乗車券に「発売当日限り有効」や「下車前途無効」と表記されていますが、あれは確認の意味をもつだけで、入れ忘れたとしても、旅規を基準にするので、契約条件はかわりません。

　結局、おしなべてみると、旅客と鉄道会社の間を取りもつ契約の条項が膨大で複雑になっているだけという、いたってシンプルな骨組みなのです。それが国鉄の民営化により各社独自の制度や運用基準が積み重なり、さらに近年はICカードやネット予約などのしくみが重なって複雑化を増しているのです。難しくしている要因は、12-01［きっぷのルールとは］でも図示したように、このミルフィーユ構造にあります。つぎの項目では旅客運送契約を取り巻く法規関係をみていきます。

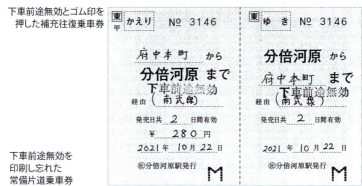

下車前途無効とゴム印を押した補充往復乗車券

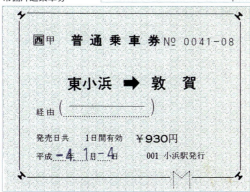

下車前途無効を印刷し忘れた常備片道乗車券

12-04 鉄道旅客運送制度に適用される法規

土台には民法と商法がある

鉄道旅客運送は公共性の高い事業であるため、鉄道会社と旅客に対する各種の規制法規が存在します。取り巻く法体系を大きく俯瞰してみましょう。図の下から上に解説していきます。

まず基本となるのは民法です。前述の通り、旅客と鉄道会社の間には民事上の契約が結ばれることから、私人の日常生活を律する民法がベースになります。債権関係の規定、特に請負契約が中心です。鉄道旅客運送契約は、ひとをある駅からある駅まで運ぶという役務を果たして運賃をもらうことなので、民法632条の「当事者の一方がある仕事を完成することを約し、相手方がその仕事の結果に対してその報酬を支払うことを約することによって、その効力を生ずる」との文言に適合し、請負契約となります。

しかし、事業として行っているため、商法の規定が上乗せされ、商法が優先適用されます。親戚のおばあちゃんを病院まで車に乗せていってお駄賃をもらうのとは意味が違います。

鉄道営業法による規制

鉄道は船舶、航空、バス、タクシーなどと並んで公共性の強い事業なので、個別に両者の契約に踏み込んでいく法律もあります。それが鉄道営業法です。名称の通り、営業面に特化して規制している法規といえます。この法律の趣旨を明確にしているのが、2条の「本法其ノ他特

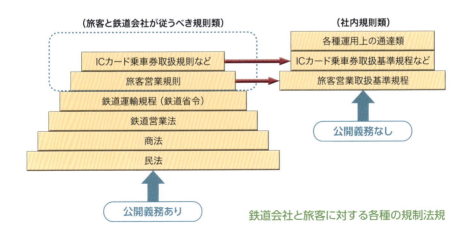

鉄道会社と旅客に対する各種の規制法規

別ノ法令ニ規定スルモノノ外鉄道運送ニ関スル特別ノ事項ハ鉄道運輸規程ノ定ムル所ニ依ル」という文言です。各条文の趣旨にもよりますが、基本的にこの法律に反するような決め事は鉄道会社も定めることはできません。

　これとは別に鉄道事業法があるのですが、これは鉄道会社の事業自体を規制する行政法規に近いものなので、旅客運送契約とは直接関わりません。

　まだまだ続きます。鉄道営業法は、細部について鉄道省（鉄道省は当時の名称で、現在は国土交通省が引き継いでいる）の省令に委ねているので（鉄道営業法2条2項）、鉄道運輸規程も適用されることになります。鉄道営業法が1900（明治33）年、鉄道運輸規程が1942（昭和17）年の制定であり、中身を見ると、時代錯誤な規定も散見されます。そろそろ現代社会に適合した内容に改正されるべきところですが、どの規定も現役です。その細部を紹介しているスペースはないのですが、ひとつだけ取り上げるとしたら、鉄道営業法15条の「座席ノ存在スル場合ニ限リ乗車コトヲ得」です。これに対応した鉄道運輸規程14条では、座席がないときには旅行を取りやめて払いもどしを可能としています。いまでも指定席ならこの規定は生きているといえます。このように少しずつ下位規範に行くにしたがって具体的になってきます。

　なお、鉄道営業法は刑法の特別法の側面も併せもっています。たとえば不正乗車ですが、刑法の詐欺罪であるとともに鉄道営業法29条違反ともなります。なので、不正乗車に対しては、旅規264条で3倍の運賃を収受される（民事上の違約金）とともに、刑事罰を負う可能性があるのです。旅規264条の3は、鉄道営業法18条（有効な乗車券を所持しない場合などは鉄道運輸規程によって割増運賃を支払う義務を規定している）を具体化した鉄道運輸規程19条（乗車区間相当分とその2倍の運賃を支払う義務を規定している）をさらに具体化した規定ですので、旅規が優先して適用されます。

旅客営業規則と付随規則

　そして、いよいよミルフィーユのてっぺんです。鉄道旅客運送制度のメインの旅客営業規則とそれらに付随する規則類です。あまりに多いので、176頁の図には代表的なICカード乗車券取扱規則（JR東日本の場合）のみを掲げていますが、実際にはもっとたくさんの規則類があります。

社内規則類

　これらの規則類に基づいて、現場での取扱いに支障がないように「旅客営業取扱基準規程」（JR東海は「旅客営業取扱細則」といいます）が定められており、さらに補則や通達などが後ろに控えています。図でいうと右側の塊です。これらは社内の事務取扱基準なので、一般には公開されないのが原則です。

12-05 六法全書のような旅客営業規則

ネットでも閲覧可能な旅客営業規則集

前項で述べた旅客営業規則について、もう少し掘り下げていきます。まずは右下の写真をご覧ください

これは福島県喜多方市にある日中線記念館にあった、旧日中線熱塩駅に設置されていた物です。国鉄時代からこのような看板がどの駅にも設置されていました。この文言の中に「営業に関する規則」とありますが、この規則のひとつが「旅客営業規則」です。そのほかには連絡運輸規則（他社線と連絡する場合の規則）や荷物営業規則など様々な規則がありました。これらの規則類は、利用する旅客にとっても重要な内容になりますので、駅ですぐに閲覧できるようにしていたわけです。現在ではネット上にアップされている場合が多いので、わざわざ駅で見る必要もなくなっています。

最初の旅客営業規則

最初の旅規は、1920（大正9）年に鉄道省の発足とともに制定された「國有鐵道旅客及荷物運送規則」です。それ以前は個別規定が乱立しているような状態でした。現在は国立国会図書館のデジタルオンラインで当時の冊子を読むことが可能ですので、読んでいただければ、当時から精巧な体系をもった規則であることがよくわかると思います。構成自体は現在の旅客営業規則でも維持されています。

その後の旅客営業規則

本書でメインとして扱う旅規は、179頁の写真にある、5センチ近くある分厚

窓口に置かれている旅規の例
（JR西日本）

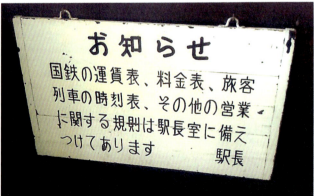
「営業に関する規則」は駅長室に備えてあると表示した看板

第12章 鉄道旅客運送制度の基礎知識

1958年に内容が整序された旅客営業規則

旅客営業規則の内容

い書籍です。1958（昭和33）年に大幅に内容が整序されて、現在のJR各社に引き継がれています。左ページが旅規で、右ページが事務の取扱い基準を定めた基準規程で構成されており、JRになってしばらくはこの形態で駅に置かれていました。

現在は市販されていませんが、古本屋などで目にします。本格的に旅規を研究したい場合は1冊手元に置くことをお薦めします。改正されている部分は役に立ちませんが、関連する条文の検索機能が優れているので、重宝します。

その後、JRでは、規則だけをまとめたコンパクトな冊子を窓口に置いていたり、ホームページに載せていたりします。基準規程の方は公開されていませんが、旅客の権利義務にかかわるような事項も多く記載されていることから、法律の運用上、すべて非公開とするのは望ましくありません。

基準規程を概観すると、旅客に有利になることは書かれているものの、不利になることは旅規の方にまとめてあるので、実害は少ないのですが、消費者契約法の趣旨からするとできる限り公開することが望ましいところです。

179

12-06
旅客営業規則に従わないといけない理由

1 2 3 4 5 6 7 8 9 10 20 30

規則に合意した記憶はないが

　鉄道に乗るとき、旅客はなぜ、旅客営業規則に従う必要があるのか。従来、この論点は「定型約款の契約への組入れ問題」として議論されてきました。実際に旅規の存在も内容も認識していないような旅客が、なぜ旅規に拘束されるのかという争点です。しかし、2017（平成29）年の民法改正で、定型約款に関する条項（民法548条の2）が置かれ、この問題は決着しています。

　具体的に当該条文を鉄道旅客運送契約に引き直してみましょう。

　まず民法548条の2第1項の内容を整理してみると囲みのようになります。

> 「定型取引……を行うことの合意……をした者は」、「定型約款を準備した者……があらかじめその定型約款を契約の内容とする旨を相手方に表示していたとき」、「定型約款……の個別の条項についても合意をしたものとみなす」。

　このうち、定型取引とは「ある特定の者が不特定多数の者を相手方として行う取引であって、その内容の全部又は一部が画一的であることがその双方にとって合理的なものをいう」とあり、定型約款は「定型取引において、契約の内容とすることを目的としてその特定の者により準備された条項の総体をいう」とあります。……と書いたところで、煙に巻かれたような印象しかないと思います。

　自動車の事例で表現してみると、量産車を買うかカスタムカーを買うかの違いでしょうか。ボディもエンジンも決まっていて、選べるのはミッションかマニュアル、カーナビをつけるかどうか、あとは色ぐらいという量産車の売買は定型取引です。他方で、カスタムカーは個人の好みに応じたオーダーメイドなので定型性はありません。こういった型にはまった取引で、その取引内容を準備する側が、「その内容を契約に入れ込みますよ」と相手に表示していた場合は、実際に認識してようとしていまいと、合意したことになるということです。「みなす」というのは、漢字で書くと「見做す」で、反証を許さない法律上の用語です。

　従って、上記の定義からみると、きっぷという究極に固定化されたものを使ってやり取りされる鉄道旅客運送契約は定型取引にあたり、旅規は定型約款にあたるということになります。まとめると、囲みのようになります。

　つまり、旅規を鉄道旅客運送契約の内

第12章　鉄道旅客運送制度の基礎知識

> 鉄道旅客運送契約を行うことの合意をした鉄道会社と旅客は、鉄道会社があらかじめ旅規を契約の内容とする旨を旅客に表示していたとき、旅規の個別の条項についても合意をしたものとみなす。

容とする旨を旅客に伝えていれば、法律上、無条件に旅規が適用されるのです。しかし、駅員さんが、あなたの運送契約の申込みについては旅規が適用されますと伝えている姿は見たことはないですし、券売機もそのようなアナウンスをしません。ネット通販などでは、しつこいぐらいこういった確認画面への承諾が求められるのとは対照的です。

この点は、鉄道営業法18条の2により手当てされており、「表示」は「表示し、又は公表していた」と読み替えることになっています。そうなると、駅の掲示やホームページで旅客運送契約には旅規を適用しますといった旨を記載すれば十分なわけです。本条の創設でいままでの法的な問題点を全て解決しています。

ちなみに、ＪＲのきっぷの裏には「このきっぷに関するお取扱いは、券面表示事項のほか、ＪＲの『旅客営業規則』等の関係約款及び法令などによります」と明記されていますが、これは合意にはあたりません。きっぷが交付されたときは契約成立時なので、論理的にみて手遅れです。念のための案内文として載せてあ

るだけです。

消費者契約法との関係

しかし、旅規を公表するだけでは、消費者契約法の観点からは不十分です。旅客が個人の場合は、鉄道旅客運送契約も消費者契約のひとつになってきますので、同法の内容に適合しなければなりません。消費者契約法3条からは、契約条項の明確性、平易性を確保したうえで、勧誘に際して「消費者の理解を深めるために、物品、権利、役務その他の消費者契約の目的となるものの性質に応じ、個々の消費者の知識及び経験を考慮した上で、消費者の権利義務その他の消費者契約の内容についての必要な情報を提供すること」（同条同項2号）が求められるからです。あまりに複雑な制度は消費者契約法の趣旨に合わないことになります。

また、旅客の権利義務に関わるような事項が内規に定められているような状態は、消費者契約法の趣旨にあいませんので、今後、各鉄道会社側も改善が求められます。あるいは国鉄時代のように基準規程の公開が望ましいでしょう。

きっぷ（マルス券）の裏面にある注意書き

> ●このきっぷに関するお取扱いは、券面表示事項のほか、ＪＲの「旅客営業規則」等の関係約款及び法令などによります。
> ●指定列車に乗り遅れたときは、指定券の払戻しはできません。当日の普通車自由席に限り乗車できます。また、指定席に乗車されるときは、改めて指定席特急券などが必要です。
> ●また、券面に⑭⑫⑧⑳⑩⑧などと表示されているきっぷは、有効期間・途中下車・変更・払戻し・乗り遅れ時の取扱いなどに特別な制約があります。詳しくは係員にお尋ね下さい。

12-07 旅客営業規則の全体像を理解する

目次から効率的に理解する

旅規を読み解く際の大まかなコツをお伝えしておきます。

まず旅規自体は、日本における多くの法令と同じようにパンデクテン方式になっています。パンデクテン方式というのは、全体に共通して適用するような規定を抽象化した形で上位において、徐々に具体的な規定を下位に配置していくような形式をいいます。ドイツ民法で用いられた方法で、非常に合理的なので、法令や規則を定める際に用いられます。

ここは図で示した方がわかりやすいの

旅客営業規則の全体像

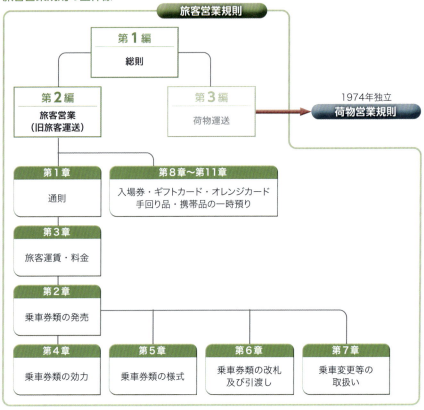

第12章　鉄道旅客運送制度の基礎知識

で、図を参照しながら読んでいってください。

第一に、1編と2編しかないことに気づくと思います。かつては第3編として荷物運送に関する規定が置かれていましたが、現在は独立した規則になっているので、旅規としては、旅客運送契約に関わる部分とそれに付随する事項のみが規定されていることになります。

第二に、乗車券類（乗車券や料金券など）とそれ以外に大きく分かれる点です。入場券は、駅を使用するという施設利用契約のきっぷなので乗車券類からは除外されます。手回り品きっぷは旅客運送契約に付随するものなので、入場券よりは乗車券類に近い存在です。

第三に、旅客運賃や料金の計算方法の規定があって、それに基づいて乗車券類の発売方法が決まる形式になっていることです。異論がある方もいると思いますが、乗車券の規定を理解するにはこの順番の方がいいと考え、182頁の図では第2章と第3章を逆にしています。

たとえば、26条1号の片道乗車券は、「普通旅客運賃計算経路の連続した区間を片道1回乗車……する場合に発売する。ただし、第68条第4項の規定により営業キロ、擬制キロ又は運賃計算キロを打ち切って計算する場合は、当該打切りとなる駅までの区間のものに限り発売する」とあります。運賃の規定を用いて乗車券の発券形態を定めているわけです。2章と3章が入れ替わっている方が、実はよ

かったのではないかと感じるところです。

第四に、乗車券類の発売方法を前提にして、効力、様式、改札および引渡し、乗車変更等の取扱いといったきっぷの形態や場面ごとの各則が定められていることです。

主要な規定の条文位置

『ＪＲ時刻表』のピンクのページに載っている制度をもう少し敷衍してみます。184頁の表をご覧ください。

各制度の条文を表にプロットすると、当該制度がどのような体系的な位置にあるのかわかると思います。この際、注意すべきことは、①通則として全体に関わるのか、②運賃・料金規定の計算根拠として置かれているのか、③きっぷを所持したあとの効力規定として置かれているのかという点です。

そして、主に旅客に義務を課すような事項を旅規におき、有利に取り扱う事項（一時出場など）や事務取扱いのルールを定めているのが基準規程と理解することです。1-06［特定区間の運賃計算］で述べたように、旅客に義務を課すような事項は旅規に載せないと有効にはならないので載せているわけです。

他方で、旅客に有利な取扱いも徐々に旅規に移行し始めているようです。最近は区間外乗車の規定が基準規程から旅規に移行しました。消費者契約法の趣旨に適合するもので、非常によい傾向です。

183

『ＪＲ時刻表』のピンクのページに載っている制度

		新幹線と在来線（新下関〜博多間を除く）	新幹線と在来線（新下関〜博多間の特例）	特定区間の運賃計算	
旅客営業規則	第1編　総則	2条：適用範囲、3条：用語の意義、4条：前払の原則、			
	第1章　通則	16条の2：取扱原則	16条の3：左記の特例		
	第3章　旅客運賃・料金			69条：計算根拠	
	第2章　乗車券類の発売				
	第4章　乗車券類の効力			158条：迂回承認	
	第5章　乗車券類の様式				
	第6章　乗車券類の改札及び引渡し				
	第7章　乗車変更等の取扱い				
旅客営業取扱基準規程		186条：経路表示方法		186条：経路表示方法	

		有効期間	途中下車	選択乗車（大都市近郊区間内相互発着を除く）	選択乗車（大都市近郊区間内相互発着）
旅客営業規則	第1編	2条：適用範囲、3条：用語の意義、4条：前払の原則、5条：契約の成立時期及び適用規定、7条：運行不能、8条：キロ程の端数計算、9条：期間の計算ほか			
	第1章				
	第3章				
	第2章				
	第4章	154条	156条	157条1項	156条2号：途中下車不可 157条2項：選択乗車
	第5章				
	第6章				
	第7章				
旅客営業取扱基準規程		145条：一時出場（特別下車）			

東京付近の特定区間を通過する場合の特例	特定の都区市内・山手線内の駅を発着する場合の特例	学生割引	往復割引
5条：契約の成立時期及び適用規定、7条：運行不能、8条：キロ程の端数計算、9条：期間の計算ほか			
70条：計算根拠	86条87条：計算根拠	92条：計算根拠	94条：計算根拠
154条：有効期間 159条：迂回承認	154条：有効期間 156条：途中下車不可		
	187条：表示方法		
	185条の2：略称の表示方法		

特定の分岐区間に対する区間外乗車	特定都区市内等における折返し乗車	分岐駅通過列車に対する区間外乗車	海田市～広島間に係る区間外乗車	特定の列車による折返し区間外乗車
2条：適用範囲、3条：用語の意義、4条：前払の原則、5条：契約の成立時期及び適用規定、7条：運行不能、8条：キロ程の端数計算、9条：期間の計算ほか				
160条の2	160条の3	160条の4	160条の5	160条の6

12-08 規則の限界（遅延で最高裁まで闘った話）

事件の概要

　旅客営業規則の適用限界を知るうえで、参考になる判例を紹介しておきます。

　旅規には急行列車が2時間以上遅れた場合に当該料金を全額払い戻すという規定があります（289条2項3号、特急は特別急行の略で、急行に含まれます）。しかし、この2時間は絶対なのでしょうか。そんな素朴な疑問を問題にして裁判で争った方がいました。判決は原告（旅客）の敗訴です。最高裁判所までいきますが、上告は内容には立ち入らず棄却されているので、名古屋高等裁判所の判決を参考

に追ってみます。

　ときは1973（昭和48）年2月、本件の原告は、飯田線駒ヶ根駅から急行〔伊那2号〕で出発し、豊橋駅に向かったものの、到着時刻が所定より遅くなったことから、それによって生じた損害賠償として急行料金分200円と遅延損害金、および弁護士費用の内金1万円を、当時の国鉄に請求したというものです。

　現在は急行〔伊那〕の後継となる特急〔伊那路〕が豊橋～飯田間を走っていますが、当時は最長で上諏訪から美濃赤坂まで走っていました（豊橋～美濃赤坂間は快速）。下の写真の乗車券は事件より少し前の物ですが、これと同じタイプだったと思います。

　この程度の遅れで損害賠償の請求をするなどといった行為は非常識ではないのかと疑問に思うかもしれませんが、事件の全体像を見るとそうでもないのです。

　要因は、前日から行われていた労働組合による争議行為で、駒ヶ根駅到着時にはすでに43分遅れており、終着の豊橋駅には1時間40分の延着でした。この遅延

現在は特急〔伊那路〕が走る飯田線

1969（昭和44）年発行の駒ヶ根→豊橋間の急行券・乗車券

第12章 鉄道旅客運送制度の基礎知識

時間を聞くと、ピンときます。上記の規定から2時間未満の遅れでは払いもどしを受けられません。推測ですが、国労（国鉄労働組合）を中心とした争議行為に対する批判など、感情的な部分も原告の心にあったのだと思います。当時の国労の労働運動は激しかったので、一般旅客からの批判も相当あったでしょうし、そうでなければ、200円のために弁護士に依頼してまでは争わないでしょう。

判決内容

争点は旅規がいかなる場合も適用されるのかということです。結論は、運行にかかわる従業員の過失であっても、原則として旅規が適用されるので、列車が遅延しても2時間以上の遅延でなければ急行料金を払いもどさないし、急行料金以上の支払いはしないというものです。つまり免責約款の意味をもちますよ、ということでした。

もっとも、「公序良俗違反もしくは信義則違背等により具体的事案によって無効とされる場合を除き」として留保条件を示しています。つまり、違法な労働争議が要因であったなら、旅規の適用は排除された可能性があります。また、鉄道会社に重過失があるような事案も想定されます。たとえば、車両故障などで度重なる行政指導を受けているにもかかわらず、なんら改善せずに同じ車両故障で大幅な遅延を引き起こした場合などです。

さらには、急行料金以上の損害範囲をどう認定するかという難しい問題は残っています。長時間にわたり車内への待機を余儀なくされて体調不良から医療費がかかった場合や、帰宅できずにホテルに泊まった場合など（通常損害といいます）のように、損害額が明確であれば認められるでしょうけど。

ちなみに、翻って考えると、JRに責任がなくても2時間以上遅れた場合は払いもどしとなりますから、この規定の存在によって逆に旅客は恩恵を受けられる場合が多いといえます。特に災害による遅れが頻発している昨今ではなおさらでしょう。

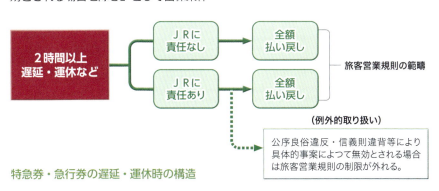

特急券・急行券の遅延・運休時の構造

コラム column

こんなことも
鉄道営業法で決められている

　鉄道は歴史が古いだけあって、ちょっとおもしろい規定が残っています。

①列車運転中に乗降したときは罰金か過料が課されます（同法33条1号）。

　いまでは大井川鐵道ぐらいしか手動で開け閉めする扉の車両はありませんが、国鉄時代は末期まで全国のいくつかの路線で旧型客車が存在し、デッキのドアが開けっぱなしで走っている光景を目にしました。山陰本線などは、余部鉄橋を渡るときに度胸試しでデッキから身を乗り出している高校生などもいました。駅では走り出してから乗ったり、止まる前に降りたりする客が出てくるわけで、事故防止のためにはこのような規定が必要だったのです。

②車内や駅で発砲した場合は罰金か過料が課されます（同法39条）。

　随分と物騒な規定ですが、当時の状況に鑑みると納得できます。

　写真は1894（明治27）年11月に発行された『旅行案内』の広告欄です。その本の裏表紙に大きく載っている広告をみると、「護身用新型ピストル銃」とあります。旅行者向けの拳銃ということです。当時は許可制ではあったものの、現在より緩い規制だったため、拳銃を持った旅行も想定されていたようです。

　しかし、多くのひとがいる駅で発砲されてはたまりませんから、同法で罰則規定を設けているわけです。現在では、1958（昭和33）年に成立した銃刀法（銃砲刀剣類所持等取締法）が先に適用されるので、この規定はほぼ死文化しており、歴史を感じるだけの規定といえるでしょう。

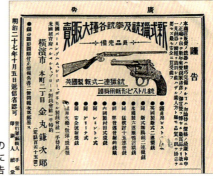

1894[明治27]年11月発行の『旅行案内』の広告欄に掲載された拳銃の広告

参考資料

●鉄道旅客運送実務

櫛田醗吉『鉄道教本　第一編　旅客運送』(小山成文社、1927)
井原知『鐡道旅客運輸』(鐡道研究社、第五版、1928)
齊藤忠『旅客運送規則解説』(日本交通學會、第3版、1931)
齊藤忠『旅客運送取扱細則解説』(日本交通學會、第3版、1931)
(鐡道省) 高田事務官・三輪事務官・原事務官監修『鐡道旅客運送　出札篇』(東洋書籍出版協會、1932)
喜安健次郎『改訂　運送営業』(巌松堂書店、第7版、1932)
川西實夫『旅客事務の研究』(鐡道教育會、1937)
川西實夫『旅客運送規則取扱細則解説』(日本交通學會、1938)
喜安健次郎『鐡道運送法』(鐡道教育會、1941)
平林喜三造『旅客運送規則逐条解説』(中央書院、1957)
藤野秀起『旅客運送制度の研究』(鐡道日本社、1950)
恵花孝司『旅客運送規則逐条解説　再版』(中央書院、1952)
日本国有鉄道編『鉄道辞典　上』(日本国有鉄道、1958)
日本国有鉄道編『鉄道辞典　下』(日本国有鉄道、1958)
寒河江篤一『例解　旅客運送の研究』(運輸研究会、1959)
山口真弘『鉄道運送法概論』(鉄道研究社、1959)
平林喜三造『旅客営業規則解説』(中央書院、1962)
日本国有鉄道編『鉄道辞典　補遺版』(日本国有鉄道、1966)
運輸研究会編『例解　旅客営業の研究』(運輸研究会、1967)
運輸研究会編『例解　旅客営業の研究』(日本鉄道図書、1967)
旅客営業研究会『旅客営業の解説』(日本鉄道図書、第3版、1981)
佐々木健『JR旅客制度のQ&A311』(中央書院、JR版初版、1990)
運輸営業・帳票制度研究会編『旅客関係帳票記入例の出・改札業務Q&A』(日本鉄道図書、1990)
佐々木雅夫『鉄道マンの法律教室』(中央学院、1991)
和久田康雄『やさしい鉄道の法規―JRと私鉄の実例―』(成山堂、1997)
椎橋章夫『ICカードと自動改札』(成山堂、2015)
小布施由武『JR旅客営業制度のQ&A』(自由国民社、第3版、2024)
滝澤弘『旅客運送取扱講義』(出版元、出版年不明) ※既述内容より昭和初期と思われる。
営業制度研究会「知っておきたいきっぷの話1〜23」『JRガゼット』85号 (1994) 〜108号 (1996)

●法律

三輪清一郎『運送及運送契約論 (第1分冊)』(中屋書店、訂正再版、1921)
三輪清一郎『運送及運送契約論 (第2分冊)』(中屋書店、1921)
山口真弘『鉄道運送法概論』(鉄道研究社、1959)
西原寛一『商行為法』(有斐閣、1973)
田中誠二ほか『コンメンタール商行為法』(勁草書房、1973)
山口真弘『鉄道法制概論』(鉄道研究社、1974)
佐々木雅夫『鉄道マンの法律教室』(中央学院、1991)
和久田康雄『やさしい鉄道の法規―JRと私鉄の実例―』(成山堂、1997)
吉川吉衛『提携約款の法理―類型づけられた集団的意思のあり方―』(成文堂、2019)
坂口光男『商法総則・商行為法』(文眞堂、2000)
藤田友敬監修『運送取引の実態についての調査研究業務報告書』(商事法務研究会、2013)
小島好己『鉄道好きのための法律入門』(天夢人、2022)
青竹正一『商法総則・商行為法』(信山社、第4版、2024)
福永健『鉄道の法規―JRと民鉄の実例から読み解く―』(成山堂、2024)
佐藤幸夫「鉄道旅客運送契約」遠藤浩ほか監修『現代契約法大系　第7巻　サービス・労務供給契約』(有斐閣、1984) 1頁
山下友信「運送・旅行」加藤一郎・竹内昭夫編『消費者法講座4　取引の構成Ⅱ・業種別にみた消費者保護Ⅰ』(日本評論社、1988) 191頁
重田晴生「旅客運送」今井薫ほか編『現代商法Ⅰ　総則・商行為法』(三省堂、改訂版、1996) 340頁
榎下義康「旅客運送人の責任」塩崎・川勝隆之編『現代裁判法体系16　商法総則・商行為』(新日本法規出版、1999) 258頁
南健悟「鉄道運送における旅客営業規則と民法上の定型約款規定」『商法総則・商行為法の現代における諸相』(関西大学法学研究所、2024) 145頁

●きっぷ解説

鉄道友の会東京支部監修『鉄道切符全百科』(小学館、1980)

築島裕『鉄道きっぷ博物館』(日本交通公社出版事業局、1980)
辻阪昭浩『国鉄乗車券類歴史事典』(ダンダン、1980)
近藤喜代太郎『国鉄きっぷ全ガイド』(日本交通公社、1987)
德江茂『きっぷの話』(成山堂書店、1994)
近藤喜代太郎・池田和政『国鉄乗車券類大辞典』(JTB、2002)
辻阪昭浩『鉄道きっぷクロニクル』(イカロス出版、2011)
澤村光一郎『決定版!オールカラー　鉄道切符ガイドブック』(2017)
池田和政編『国鉄乗車券図録』(成山堂書店、2019)
後藤茂文『鉄道きっぷ探求読本』(河出書房新社、2020)
『鉄道きっぷの世界』(イカロス出版、2024)

◉鉄道・旅行ガイドブック

はらひろし『JR切符のかしこい買い方』(風濤社、1992)
種村直樹『種村直樹の新汽車旅相談室　汽車旅の基礎と運賃・料金篇』(自由国民社、1993)
種村直樹『種村直樹の新汽車旅相談室　トクトクきっぷ篇』(自由国民社、1993)
種村直樹『種村直樹の新汽車旅相談室　変更・トラブル・雑学篇』(自由国民社、1994)
種村直樹『最新　鉄道旅行術』(JTB、1997)
JR運賃研究会編『ＪＲきっぷの大研究』(風濤社、2010)
谷崎竜『厳128!　とくとくきっぷ完全攻略』(イカロス出版、2012)
種村直樹『鉄道旅行術』(自由国民社、2014)
所澤秀樹『鉄道の基礎知識』(創元社、増補改訂版、2020)
蜂谷あす美『もっとお得にきっぷを買うアドバイス50』(天夢人、2020)
池口英司・滝口雅志『ＪＲフリーきっぷの旅』(イカロス出版、2021)
松本典久『鉄道旅のトラブル対処術』(天夢人、2021)
土屋武之『きっぷのルールハンドブック』(実業之日本社、三訂版、2024)
佐野豊『きっぷの乗車変更・払いもどしQ&A（ＪＲ旅客営業制度）』(交通法規研究会、2022)
佐野豊『きっぷの区間変更・のりこしQ&A（ＪＲ旅客営業制度）』(交通法規研究会、2023)
川浦龍一『遠いほうが安くなる?!　なぜなにJR旅客営業制度―きっぷのふしぎ―』(交通法規研究会、2023)
佐野豊『列車の運行不能　遅延・運休・事故　きっぷの払いもどしQ&A（ＪＲ旅客営業制度）』(交通法規研究会、2024)
東京大学の旅行研究会「最長切符旅行」『世界の旅 第10 (日本の発見)』(中央公論社、1962)

◉時刻表

『汽車　汽船　旅行案内』2号 (庚寅新誌社、1894)
『ＪＲ時刻表』(交通新聞社) ※必要に応じて各年代を確認
『JTB時刻表』(JTBパブリッシング) ※必要に応じて各年代を確認

◉エッセイ

永田博編『明治の汽車』(交通日本社、1964)
須田寛『須田寛の鉄道ばなし』(JTBパブリッシング、2012)

◉歴史

岡本憲之『一円電車と明延鉱山―ヤマのトロッコ鉄道物語』(神戸新聞総合出版センター、2012)
日本国有鉄道編『日本国有鉄道百年史　第1巻』(日本国有鉄道、1969)
日本国有鉄道編『日本国有鉄道百年史　第3巻』(日本国有鉄道、1971)
日本国有鉄道編『日本国有鉄道百年史　第5巻』(日本国有鉄道、1972)
日本国有鉄道編『日本国有鉄道百年史　第8巻』(日本国有鉄道、1971)
日本国有鉄道編『日本国有鉄道百年史　第13巻』(日本国有鉄道、1974)
須田寛『時刻表にみる国鉄旅客営業のあゆみ (時刻表復刻版戦前・戦中編)』(日本交通公社、1978)

◉判例　※12-08 [規則の限界 (遅延で最高裁まで闘った話)] で取り上げた事件について

名古屋地方裁判所昭和51年11月20日判決:『判例時報』837号28頁・『判例タイムズ』3435号146頁
名古屋高等裁判所昭和54年8月28日判決:『判例時報』940号24頁・『判例タイムズ』398号113頁
小島孝「旅客列車の延着による損害賠償」広中俊雄・龍田節編『契約の法律相談 (2)』(有斐閣、1978) 208頁
西村健一郎「順法闘争による列車の延着と急行料金返還請求の可否」『民商法雑誌』84巻4号 (1981) 89頁
中嶋士元也「順法闘争による急行列車の遅延と国鉄に対する急行料金相当額の損害賠償請求の可否」『ジュリスト』724号 (1980) 133頁

索引

あ

ICカード乗車券 … 008 135 138 140 141 142 162 174
運送契約 …………………………………………… 172 180
駅員無配置駅 ……………………………………………… 098
往復乗車券 ………………………… 009 024 034 036 042
往復割引 …………………………………………………… 036
大回り乗車 ………………………………………… 108 142

か

改札鋏 ……………………………………………………… 096
改札補充券 ………………………………………………… 011
学生割引 …………………………………………………… 028
片道乗車券 ………………………………………009 034 042
株主優待 …………………………………………………… 030
簡易委託 ……………………………………………079 100
閑散期 ………………………………………………047 083
QRコード乗車券 ………………………………………… 146
急行券 …………………………………… 009 046 089 186
急乗承 ……………………………………………… 148 161
区間外乗車 ………………………………………………… 110
区間変更 …………………………………………… 026 120
グリーン券（特別車両券）………… 009 050 089 097
経路変更（経変）………………………………………… 120
硬券 ………………………………………………………… 010
誤乗 ………………………………………………………… 133

さ

再収受証明 ………………………………………………… 134
最長片道きっぷ …………………………………………… 042
最繁忙期 ……………………………………………047 083
事故列変 …………………………………………… 148 161
ジパング倶楽部 …………………………………………… 074
車内改札 …………………………………………………… 116
10時打ち …………………………………………………… 080
出札補充券 ………………………………………………… 011
準常備券 …………………………………………………… 010
使用開始 …………………………………………088 096 120
乗車駅証明書 ………………………………………091 098
乗車記念印 ………………………………………………… 131
乗車券類変更 ……………………………………… 026 088
乗車変更 …………………………………………………… 026
常備券 ……………………………………………010 013 035
寝台券 ………………………………………………008 052 089
青春18きっぷ ……………………………………008 070 093
選択乗車 ……………………………………… 102 103 106 108

た

他経路乗車 ………………………………………… 148 156
大都市近郊区間 ……………………………………019 021 112

立席特急券 ………………………………………… 009 049
タッチ決済 ………………………………………… 145 174
遅延証明書 ………………………………………………… 132
通常期 ……………………………………………………… 083
鉄道運輸規程 ……………………………………………… 176
鉄道営業法 ………………………………………… 176 188
電車特定区間 ……………………………………………… 012
特定区間 …………………………………………………… 016
特定都区市内 ……………………………………… 020 110
特別企画乗車券 …………………………………………… 066
特別車両券（グリーン券）……… 008 050 089 097
途中下車 ……………………………………… 124 126 128
特急券 …………………………………… 008 046 089 097

な

70条区間 …………………………………………………… 018
軟券 ………………………………………………………… 010
入場券 ………………… 008 014 056 058 061 062 063
乗越 ………………………………………………………… 120
乗継割引 …………………………………………………… 048

は

払いもどし … 026 054 120 148 151 155 158 160 187
繁忙期 ………………………………………………047 083
半硬券 ……………………………………………………… 010
普通乗車券 ………………………………………… 008 089
不通特約 …………………………………………………… 150
紛失再発行 ………………………………………………… 134
別途旅行 …………………………………………… 148 159
方向変更（方変）………………………………………… 120
補充券 ……………………………………………………… 010

ま

マルム ……………………………………………………… 100
無効印 ……………………………………………………… 131
無賃送還 …………………………………………… 148 154

や

有効期間 ……………………………………… 024 097 119 153

ら

料金券 …………………………………………… 008 025 097
旅客営業規則 …… 168 170 173 176 178 180 182 187
旅客営業取扱細則 ………………………………………… 006
旅客営業取扱基準規程 …………………………… 168 176
旅行開始 ……………………………………………088 096
レール＆レンタカーきっぷ ……………………………… 072
連続乗車券 ………………………… 009 024 035 038 043
連絡運輸 …………………………………………… 041 128
連絡乗車券 ………………………………………… 040 128

執筆者プロフィール

荻野貴久（おぎの　たかひさ）

1975年愛知県鳳来町（現新城市）生まれ。小学生から鉄道で通学していたことがきっかけで鉄道に興味をもち、時刻表が愛読書であった。
法政大学法学部卒、摂南大学大学院法学研究科修士課程修了（企業法）、法政大学大学院法学研究科修士課程修了（民法）。現在は、会社勤めの傍らで法政大学大学院博士後期課程に在籍。法政大学大学院と中京学院大学で非常勤講師もしている。法律学の視点から鉄道の約款研究をテーマの一つとする。専門分野は主に民法。

https://researchmap.jp/oginotakahisa

協力：《個人》大原伸晃、山口悠太
　　　《団体》関西電力株式会社、黒部峡谷鉄道株式会社、養父市教育委員会（五十音順）
表紙：伊藤明彦（アイ・デプト）
本文DTP：井上　亮
作図：有限会社パシフィック・ウィステリア
編集協力：野上　徹

ダウンロードサービス案内

スマホ用壁紙として無料でダウンロードしていただけます。
この二次元バーコードより専用ページへアクセスしてください。
https://www.kotsu.co.jp/download/imasara/ticket/#011764

今さら聞けない鉄道の基礎知識　003

きっぷのしくみ

2024年11月27日　発行

著　者：荻野貴久
発行人：伊藤嘉道
発行所：株式会社交通新聞社
　　　　〒101-0062　東京都千代田区神田駿河台2-3-11
　　　　☎03-6831-6560（編集部）
　　　　☎03-6831-6622（販売部）

印刷・製本：TOPPANクロレ株式会社
（定価はカバーに表示してあります）

©Takahisa Ogino 2024
ISBN978-4-330-05924-2

落丁・乱丁本はお取り替えいたします。
ご購入書店名を明記のうえ、小社販売部宛てに直接お送りください。
送料は小社で負担いたします。